Money錢

Money錢

Money錢

Money錢

自組BETF×低風險策略，普通上班族也能年賺20%

存股族的槓桿翻倍術

吳宜勳（老吳）著

金尉出版　Money錢

目錄 Contents

自序 投資是一條改變命運的長期道路 4
前言 小資族善用槓桿 讓財富加速累積 8

第1章
使用槓桿前要知道的事 17

- 1-1 投資是為了讓生活更好 18
- 1-2 本金越多 財富滾越快 24
- 1-3 財商認知到哪 財富就會到哪 34
- 1-4 通膨是敵人也是朋友 42
- 1-5 槓桿是工具而非毒藥 50
- 1-6 投資最大風險是你的情緒 58
- 1-7 與其羨慕別人 不如起身行動 66

第2章
加速引擎1：投資槓桿的應用 75

- 2-1 借鑑投資大師的槓桿啟示 76
- 2-2 長期複利＋槓桿增速＝放大資金 88
- 2-3 信貸：個人信用換取資金 94
- 2-4 房貸：最能放大資產的長期槓桿 104
- 2-5 融資：用股票作擔保 擴大投資部位 114
- 2-6 股票質押：以持股申請抵押借款 124
- 2-7 破解常見的2個槓桿迷思 144
- 2-8 做好風險控管 戰勝波動 154

第 3 章
加速引擎 2：讓財富穩健成長的資產配置 .. 163

- 3-1 增值型 vs 現金流投資策略 164
- 3-2 沒配息的股票為什麼仍值得存？ 170
- 3-3 不停利 讓資產慢慢長大 176
- 3-4 股債配置 安心抱股 186
- 3-5 小資族該不該先買房？ 194

第 4 章
槓桿下的長期財富管理 203

- 4-1 打造專屬的自組 ETF 204
- 4-2 長期投資 可以「正」不能「反」........ 212
- 4-3 在對的趨勢中找到好標的 218
- 4-4 如何判斷何時該停損？ 224
- 4-5 在對的時間 買到對的股票 232
- 4-6 成為全職交易人要有的 5 項準備 238

結語 投資與生活之間的平衡 242

自序
投資是一條
改變命運的長期道路

財商與投資觀念的影響，不僅僅能改變一生，甚至可能影響好幾個世代。我出身於南投縣的務農家庭，父母的觀念很保守，沒有給我投資的指引，但他們從小就教育我節儉和儲蓄的重要性，這是理財的第一步。

父母一直鼓勵我多讀書，在他們的觀念中，讀書才能翻轉階層，希望我長大後不必像他們一樣，在烈日下拿著鋤頭在山上耕作。長大之後，我漸漸明白，父母要我多讀書的用意，主要是在求學過程中，可以建立許多技能，包括獨立思考、解決問題的能力，以及有邏輯地處理事務。

這些技能不僅讓我畢業後找到穩定的工作來支應投資的現金流，同時也讓我在後來的投資路上，遇到挑戰時不容易放

棄。我並沒有金融背景，但很幸運地，透過自己的摸索，雖然跌跌撞撞，最終還是打開了投資的大門。

每個人都希望能翻轉人生，甚至能讓下一代擁有更多的選擇權，常問該如何開始呢？現在做會不會太晚？如果不開始，那麼一切就只是空想。

在股票投資上，我發現身邊仍有一些朋友，難以克服「股票就是賭博、買股票會血本無歸、股市波動多是吃人的怪獸」等心魔，很遺憾的是，在猶豫不前的過程中，時間的成本正在流失。我希望透過我的每一本書，幫助大家以相對輕鬆無壓力的方式，進入股票投資。

從 2019 年開始，我用自組 ETF 存股＋適當的槓桿，截至 2025 年中，遇到較大的台股股災有 4 次：⑴ 2020 年 Covid-19（跌幅約 30%，持續 2 個月）；⑵ 2022 年俄烏戰爭、通膨、FED 升息（跌幅約 32%，持續 9 個月）；⑶ 2024 年美國經濟放緩疑慮（單日下跌 1,807 點，-8.35%）；⑷ 2025 年川普的關稅政策（單日下跌 2,065 點，-9.7%）。

每一次都是令人印象深刻的震撼教育，特別是 2025 年的關稅政策，連續 3 個交易日內，指數累計重挫 3,906 點，跌幅高達 18.3%。許多個股甚至出現連續 3 根跌停板（-30%），

融資餘額也以 3 日減少 750 億元的驚人速度崩塌。

我認為，經歷了這場戰役後，仍然能夠存活在市場中的槓桿部位，往往是那些保持穩健心態並選擇適當槓桿倍率的投資人，而我就是其中之一。經歷過這麼多次的考驗，這不是一句倖存者偏差就可以帶過的，而是透過冷靜應對市場波動、適時調整投資策略、並保持理性與風險控制的結果。

投資的核心不僅是如何抓住機會，更在於如何在風險中保持穩健，並在困境中找到生存和成長的空間。這些無價的經驗，成為我在投資之路上不可或缺的一部分，也讓我更有信心面對未來的挑戰。

未來一定仍會有著各種原因造成股市恐慌性下殺，對於長期透過槓桿放大投資效率的我而言，不是去想著如何避開、如何完美躲過股災，而是持續提醒自己在波動中保持冷靜，適時調整策略，確保長期投資的穩定性，並且隨時都要留意槓桿部位是否太大，是否有額外的資金來對應 20%～30% 以上的回檔。槓桿可以加速，但不要超速了。

轉眼間也來到 40 歲了，在職場上看著現在剛出社會的新鮮人，常常會想到當年的自己，若沒有踏上投資這個旅程，資產會跟現在有很大一段差距，所以我也透過不斷在粉專分享我

的心得，希望大家都可以了解，只要持續投資，時間久了，就會帶來極大的差異。這是改變自己，也能改變下一代的方式。

讓我最高興的是，2022年出了第一本書後，原本對投資很保守的爸爸與姊姊，漸漸認同我的理念，長期投資的觀念在家人的心裡生根發芽。姊姊也開始了定期定額的存股之路，幾年過後，股票市值與股息也都緩慢地在增加，這不僅僅是金錢上的成長，更是一種心態上的轉變。爸爸也逐漸認識到長期投資與他之前對股票投資的認識不同，不僅穩定且可以看到回報。

這一切的變化，讓我深刻感受到理財與投資教育的重要性，也讓我對自己所走的路更加堅定。每一次看著家人逐步走上理財與投資的道路，看到他們在股市中累積的回報，我不僅感到自豪，更感到滿足，能夠將這些理念傳遞給身邊的人，幫助他們改善財務狀況，這對我而言是最大的成就。

投資不僅是對資金的管理，更是對人生的規劃與思考。我希望我的經歷與書中的分享，能夠啟發更多人，不僅在金錢上取得自由，也能在心態上實現成長與改變。這是一條長期且充滿挑戰的道路，但當看到回報和成果，所有的努力都是值得的。

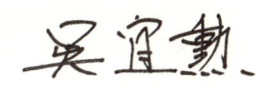

前言
小資族善用槓桿
讓財富加速累積

近年「存股」的投資方式盛行,「長期投資、年年領股息」的模式帶給投資人相對安全感,並期望資產能藉此在穩定中成長。

然而,如果每月投入 1 萬元定期定額投資,假設年報酬 10%,20 年下來資產也只能累積到約 720 萬元,再考量通膨因素,20 年後這些錢夠用嗎?

甚至小資族如果每月只有 5,000 元能投入定期定額,同樣時間及報酬,資產只能累積到約 360 萬元,想要財務自由遠遠不可能。

懂得善用槓桿或隨年紀改變投資策略,才能讓小資族資產快速翻升!

從短線到槓桿存股的投資歷程

2025 年是我存股的第 7 年，存股是我摸索不同投資方法後，最後不得不的選擇，但一路執行下來，我認為是最適合上班族的方法，而我的資產也持續在增長中。

我從 2014 年開始投資，當時想要賺快錢，於是投資小台指、短線操作並使用槓桿，例如開融資、做當沖或融券放空等，看似很快就可以賺到錢，實際上那段期間賺賺賠賠，最終資產是減少的。

不過也因為有了這一段錯誤使用槓桿的經驗，讓我體悟到，過度槓桿帶來的不僅是資產的縮水，還會額外增加實際生活與心理的負擔，讓投資影響到情緒，使自己在假日沒有開盤時，還會膽顫心驚掛念著週末會不會出什麼黑天鵝，導致星期一開盤跳水讓自己斷頭。

於是我開始自組 ETF，轉向長期存股。隨著投資經驗的累積，我在 2019 年再度開始嘗試運用槓桿投資，並在 2025 年回顧這 6、7 年間的投資過程，明白槓桿在財務增值中扮演了關鍵的角色。

對小資族而言，**槓桿是加速財富累積的工具，只要控制風險、聰明選股與紀律操作，就能用小錢撬動更大財富。**

▍了解槓桿 而非一味害怕

槓桿可以開多大？是 1.1 倍、1.5 倍還是 2 倍，除了「生命週期投資法」有參考值之外，最主要的還是需要依據自己的體感。當心理狀態會隨著持股市值的波動而不舒服、緊張或擔心，就代表可能是持股比重太高、配置得不夠分散，或是槓桿比例太高了。

股神巴菲特合夥人查理·蒙格（Charles Munger）曾說過「如果你知道自己會死在哪裡，就不要去那邊」，這個觀念也能套用於槓桿的使用。我在投資的前期有過度槓桿的經驗，所以很清楚地知道過度槓桿帶來的後果，但也明白適度使用槓桿的優勢。

槓桿投資並非一種固定適用於所有人的策略，而是需要根據個人的資產配置、收入穩定性、職業發展、風險承受能力與心態來動態調整。

2019～2025 年間，我的槓桿倍數大致維持在 2～3 倍，這個倍數讓我能夠在穩健增長資產的同時，避免過度槓桿所帶來的高風險。

過去 6 年間，我的薪資持續成長，工作也相對穩定，這讓我有更多的底氣來進行較積極的投資策略。在有穩定收入的前

提下，我選擇維持一定的槓桿倍數，因為固定的薪資流入使得還款變得可控，加上每個月的還款行為，本質上就是一種降槓桿的過程。透過這種方式，我能夠在資產成長的同時，逐步降低槓桿風險，確保財務狀況不會因市場波動而失控。

然而，槓桿倍數不能一成不變。當我的主動收入穩定且持續增長時，適當的槓桿可以加速資產累積；但如果未來工作收入開始下降，槓桿倍數則必須隨之下調，以確保財務的安全性。這也是槓桿投資的關鍵原則之一，槓桿不是固定不變的，而是應該根據個人財務狀況動態調整。

許多人在談論槓桿時，常關注如何放大獲利，卻忽略了風險管理。對我而言，**槓桿的核心並非「借最多的錢去投資」，而是如何在可承受的範圍內，讓資產成長速度更快，同時確保自己在市場低潮時仍有足夠的應對能力。**

因此，在這 6 年間，我始終保持一個穩健的原則：**槓桿應該是可控的而非失控的。** 當收入穩定且市場環境良好時，可以維持一定的槓桿；當市場風險升高或個人財務狀況發生變化時，則應適時降低槓桿，以確保長期的財務穩定性。

槓桿是一種工具，關鍵不在於使用槓桿本身，而在於如何動態調整，使其成為財富增長的助力，而非風險失控的源頭。

若我這 6 年來，每個月存 5,000 元，年化報酬率是 7%，6 年的時間，我的資產只能從 5,000 元提升到 445,302 元，對於通膨嚴重的物價，這是很無感的。這也是為什麼我認為在理解風險與找到屬於自己穩定獲利的投資方式後，運用適當的槓桿是可以思考的做法。此外，收入可能會隨著通膨而增長（加薪），而負債則是固定不變的數字，這使得借款在通膨期間變得更有利。

槓桿只是工具 貪婪才是虧錢主因

透過適當的槓桿，我能夠加速資產的累積，但使用槓桿時，必須具備足夠的財務規劃能力與風險控管策略，確保自己即使在市場逆風時，也能穩健存活。**槓桿的運用不是單純的「借錢投資」，而是一種資金效率的提升。**

例如，在房地產投資中，許多投資人透過房貸來槓桿資金，利用資產增值來提升投資報酬。在股票市場中，則可以透過適量的質押或場外的資金來提高投資報酬率，但風險控管必須嚴謹。

這本書的核心，就是要分享我如何透過槓桿，在合理風險範圍內，提升財務增值的效率，而不是單純地放大投資規模。

槓桿是一種工具，能夠讓財務成長加速，但如果使用不當，則可能導致財務崩潰，因此，**正確的槓桿運用，需要搭配良好的風險管理與資產配置策略。**

投資的方法五花八門，每個人都在尋找最適合自己的方式。回顧剛開始投資時，早期的我對市場還沒有足夠的理解，總是被各種資訊牽著走，別說其他人質疑我的投資決策，甚至連我自己都會懷疑自己：「我真的可以嗎？我有那麼厲害嗎？我能夠堅定地執行策略嗎？」這些問題於投資初期不斷浮現在腦海。

經歷了一次又一次的市場波動後，我逐漸明白，想要在市場中穩健地獲利，「健康的心態」才是關鍵，而不是複雜的操作。許多人認為投資賺錢需要高超的技術，但真正讓人能夠長期存活並獲利的，往往是穩定的心理素質與紀律執行。

市場上充滿著誘惑與恐懼，很多人因為一時的貪婪而擴大槓桿，或者因為恐慌而過早賣出股票，這些都讓原本應該獲利的投資變成虧損。

因此，擁有良好的心態，能夠控制自己的情緒，不隨市場波動而影響決策，才是投資成功的重要關鍵。

▋不斷修正 進化出適合小資的財務增值法

在投資的學習過程中,我的第一本書《自組 ETF,讓我股利翻倍的存股法》主要是講述自組 ETF 的做法與心得,這是一種適合大多數投資人的投資方式,透過投資組合來分散風險,而非單押某檔個股,這種方式不僅降低了市場波動帶來的影響,還能讓投資人更輕鬆地參與市場,長期持有,獲得穩定的回報。

在累積了一定的經驗後,我開始研究更深入的投資領域,於是第 2 本書《自組 ETF 邊上班邊賺錢》誕生了,一樣是基於分散投資的理念,同時介紹了許多半導體產業的優質公司。半導體是全球經濟的重要基石,雖然這些公司的股價波動度較大,但從長期來看,這個產業的發展趨勢穩定向上,仍然值得長期持有。

投資是一條漫長的旅程,從剛開始的懵懂,到後來建立起一套適合自己的投資策略,這其中經歷了無數次的學習、試錯、修正,最終才能穩定累積資產,獲得投資帶來的成就感與堅定的信念。

先了解自己可以承受多大的風險後,建立適合自己的投資策略,再來就是在實施的過程中不斷微調。

隨著時間一年又一年過去，經歷過幾次多空循環，從市場的波動中吸取經驗，逐步累積財富，這種成長的歷程不僅讓我對投資市場有更深的理解，也帶來一種穩定的自信，因為這份財富是自己親手打造、一步步累積而來的。我希望能把財富累積的方法跟大家分享，讓更多人在投資的路上能走得更順利。

　　對小資族來說，槓桿投資並非絕不能碰的風險，而是加快財富累積的工具。關鍵在於聰明運用低成本資金，選擇穩健增值的資產，而非高風險投機，**透過合理槓桿（控制在可承受範圍內），搭配紀律性的管理與長期投資心態，小資族也能用有限的資金撬動更大的財富機會，加速邁向財務自由！**

第 1 章
使用槓桿前要知道的事

1-1 投資是為了讓生活更好
1-2 本金越多 財富滾越快
1-3 財商認知到哪 財富就會到哪
1-4 通膨是敵人也是朋友
1-5 槓桿是工具而非毒藥
1-6 投資最大風險是你的情緒
1-7 與其羨慕別人 不如起身行動

1-1
投資是為了讓生活更好

理想生活是靠被動收入減輕工作壓力,提升自由與生活品質,因此投資的核心在於創造選擇權,不只是財富增長,更要轉化為實際幸福,適度運用資產提升當下生活,才能實現真正的財務自由與內心安定。

在職場與生活中,隨著年齡的增長與經驗的累積,我們大多希望生活能變得更加從容,不再像早年那樣依賴高強度(Hardcore)的主動收入來維持生計。

理想的情況是,隨著被動收入的逐步提升,我們可以減少工作時長和壓力,騰出更多的自主時間,去追求更高品質的生活。然而,這樣的生活方式並不是天上掉下來的,需要透過投資理財的規劃與多年的努力來實現。

你可以替未來創造更多選項

投資理財的核心意義在於替未來創造更多的選擇權。透過穩健的財務規劃，我們可以建立多元化的收入來源，不再完全依賴主動工作的薪資收入，被動收入如股票股息、房地產租金、債券利息等，不僅能在我們不工作的情況下持續產生現金流，還能為我們帶來財務上的安全感與生活的穩定性。

當被動收入逐漸超越生活支出後，我們便能擁有更大的自由度，去做真正想做的事情，而非僅僅為了薪水而忙碌。這種財務上的自由，也讓我們能夠以更加平靜和理性的態度面對生活中的種種挑戰。

職場中總會有不公平的待遇、令人沮喪的「鬼故事」，以及人際間的摩擦，而這些常常讓人感到焦慮與壓力，但當我們的財務實力提升後，這些曾經讓我們煩心的事情也會變得無足輕重。

曾看過一個短片，提到收入對心態的影響：當一個人每月賺 3 萬元時，可能會因別人的嘲笑或小小的分歧爭吵不休；當月收入達到 10 萬元時，對於這些瑣事的執著會降低許多；而當月收入達到 30 萬元時，或許連爭執的動力都沒有了，因為這些事情根本不足以影響生活的幸福感。

投資理財的本質，不僅僅是為了增長財富，還是為了提升我們的選擇權與生活品質。當我們的被動收入逐步提高，財務自由度增強，就不需要再過度依賴一份工作或害怕失去收入來源。這種狀態下，我們可以選擇更多有意義的事情，比如陪伴家人、追求興趣，或是專注於自我提升。

此外，投資理財的成功並非只是數字上的增長，而是這些財富如何轉化為我們生活中的實際價值。它是一種能力的展現，也是一種心態的蛻變。當我們逐步增強自身的財務實力時，我們不僅能更理性地看待生活中的瑣事，也能更輕鬆地面對人生中的挑戰。

因此，努力提升自己的投資能力與財務自由，是讓生活變得更從容、更平靜的關鍵。這不僅是一種理性的選擇，更是一種追求生活幸福與內心穩定的智慧，只有當我們能夠掌控財務，才真正能夠掌控人生，過上更加充實與有意義的生活。

花錢也是投資的一部分

在股市賺到錢後，再把賺到的錢投入股市繼續錢滾錢，就能享有複利的效果，這個觀念是正確的，但卻不能執行過頭，一味地追求數字上的增長。如果投資帶來的回報無法反映到家

庭生活的實際改善，那麼這種投資可能失去了它應有的價值。

像我一開始也是如此，盡可能地把股息、中期投資賺到的價差與薪水都投入股市，心裡總想著，等我變有錢後再帶小孩出去玩、再來買想要的東西，有一天同事跟我說：「等到那一天，你可能也走不動了，就算走得動，你的小孩也長大了，不想跟你出去玩了。」我才漸漸明白，多數人不會有覺得錢夠用的時候，投資部位累積到一定的程度，夠不夠用是要靠轉念的。

錢的安全感是相對的，當資產增長後，心理期望也會提高，導致永遠感到不足。因此，**判斷錢「夠不夠」需要轉換心態，而不是依賴數字的增長。**

要開始學會「花錢」，「花錢」跟「亂花錢」是完全不一樣的事，花錢是有計畫地將資金用於改善生活、增添意義；亂花錢則是無計畫的消費，缺乏目標，只為滿足一時的衝動。多數投資人每年都會盤點自己一年獲利多少，卻不會回顧自己花了多少錢在有意義、增添生活品質與提升親子關係上。

花錢是財富管理的一部分，投資不僅是賺錢，還包括如何使用賺到的錢。適度地花錢是將財富的回報落實到生活中，是一種正向的財務行為，將投資的部分收益用於提升生活品質，可以減少對金錢的不安全感，讓人更加安心地繼續投資。

存股族的槓桿翻倍術

　　2024年的暑假，我一直在考慮要不要帶小孩們出國旅遊，正值暑假期間加上沒時間做功課自由行，只好無腦跟團，兩大兩小加起來，到日本一趟要20多萬元，最後在許多朋友的勸說下還是把錢花下去，事後回想，雖然貴，但第一次有這種家庭出國的體驗很值得，之後還會想再去不同的地方。

　　這20多萬元我用了12期分期零利率，這其實也是槓桿的一種，不是當下沒有辦法一次繳清，而是零利率的負債對一個投資人而言，吸引力是相當大的。金錢會貶值，負債也會，雖然1年的差異或許不大，但放在股票市場裡有機會增值，一來一往就會漸漸有差別。

　　此外，太太每天開車載著小孩上下學，雖然路程不遠，但畢竟是開著20年左右的老車，我心裡也一直在想，到底什麼時候該幫她換一台比較安全的車，是再5年後還是再3年後，但又想著投資不就是為了讓生活品質變得更好嗎？不要一直想著投錢到股市、讓錢滾錢，忽略了生活需求，這是本末倒置。

　　於是在2024年就果斷幫太太換了一台新車，這時候的需求是全家的安全，加上資產也累積到一定的程度，就跟學生時期的考量不同，當然這是在衡量過月付款不會影響生活的情況下做的決定。

不只追求帳面數字 也要重視生活品質

投資無疑是重要的,因為它為未來提供保障;然而,生活才是當下的核心。我們需要不斷學習如何在生活與投資之間取得平衡,以及如何在提升生活品質與追求資產增值之間做出合理的取捨。這種兼顧長遠與當下的理性調和,才是健康的財務觀念。

許多人將「未來的幸福」作為目標,認為只要資產達到某個數字,幸福自然會隨之而來。我曾經也抱有這樣的想法,直到後來才逐漸意識到,**生活是動態的,真正的幸福感來自於當下與未來之間的持續平衡**,而非一個遙不可及的終點。

要實現真正的財務自由,關鍵在於學會轉換心態,懂得如何適度花錢。將投資的成果運用於提升當下的生活品質,才是財富的真正意義。切記,「亂花錢」可能導致財務失控,但「適度花錢」卻能讓資產增長與生活幸福實現正向的連結。

1-2
本金越多 財富滾越快

本金是資產成長的根基，小資族要翻轉財務困境，須先提升本業收入、建立儲蓄習慣、有效開源節流，並養成理性消費觀。當累積出一筆資金，才能進一步布局投資，讓錢開始為你工作，實現財務自由。

對於小資族來說，財務增值策略的規劃是一門必修的功課。當財務增值的速度低於通貨膨脹，意味著上班賺來的錢，實值購買力會逐漸降低，這將對未來的財務健康構成威脅，因此，財務規劃的首要步驟就是設定明確的財務目標，包括短期和長期兩個層次。

透過確立具體的目標，才能夠找到最合適的方法，並制定相應的計畫，逐步實現這些目標。在這個過程中，保持紀

律、持之以恆是關鍵，因為財務增值是長期的過程，而非一蹴而就。

財務增值的概念，顧名思義，就是在已有資本的基礎上讓它逐步增值。對大多數人來說，財務的起點通常是從上班領取薪水開始，這是一個現實的基礎。學歷、經歷和能力是決定薪資水準的 3 大要素，這 3 者決定了你在職場上的價值，進而影響了你的財務基礎。

擁有高薪的人通常能夠更快地累積投資本金，並且在財務規劃上擁有更大的彈性。然而，對於薪資較低的人而言，起步階段可能會面臨更多的挑戰，這需要更多的努力和時間去累積資本。同時，需要持續地學習並提升財務知識，這樣才能在穩健的財務道路上，配合適度的槓桿，實現財務增值，甚至改變人生。

4 方法 靠本業提高收入

要做好投資、要財務增值，增加本金絕對是無法忽視的關鍵，我們常講用錢滾錢，那麼重點就是要先有錢，才有辦法滾錢，用小小的資金拚爆擊，其實就跟買樂透一樣，要獲得理想中的財富，機率是很渺小的。

提高收入是增加投資本金最直接且最有效的方式，我知道這並不容易，畢竟加不加薪與加薪幅度，看的是公司的營運與老闆的態度，上班族是沒有主動權的。但我們可以努力提升自己的價值，靠著自己的能力爭取更好的待遇。不一定做了什麼事就能馬上有感，但持續不斷地提升自我能力與展現積極的工作態度，都是我們自己能掌控的。以我自己及身旁的同事為例，增加薪資的方法包含以下 4 項：

1. **在職進修**：如果工作上時間允許的話，在職進修碩士班，取得碩士學位不僅對個人的能力、思考邏輯、簡報能力能有所提升，碩士學歷也有加分的效果。

   學習與工作相關的專業技能，獲取行業認證，亦能顯著提升專業價值。

2. **工作態度**：除了專業知識，工作態度和上進心是影響職業發展的重要因素，也是提升薪資的關鍵。當保有主動積極的態度，容易受到前輩的指導，也容易被主管與同事認同。職場上前輩的指導是一回事，有耐心且處處提醒又是一回事，當被前輩或主管認定為態度不佳，學習意願不高或講不聽時，其實無形中就損失了許多未來的發展性。

很多時候若沒有受到貴人的幫助，要達到相同的程度，需要花更多的時間摸索，而貴人是否出現，我覺得很大的因素就來自於工作的態度。

3. **承擔責任**：多數心死的上班族都會秉持著多做事就會犯較多的錯，所以盡量把事情往外推，除了份內的工作，不要有「額外」的事來打擾，這樣工作起來會輕鬆許多。但往往也因為這樣，把很多累積能量、人脈或建功的機會也推掉了，永遠做一個格局小，只做份內事的小職員，在別人眼裡，其實就是一個不敢承擔責任的人，很難成為晉升管理層的潛力人選。

4. **努力工作**：「要 5 點準時下班，下班後才有時間做自己喜歡的事。」這是許多來新人面試的需求，天下沒有白吃的午餐，不想要額外的付出、要過愜意的生活，又要薪資達到滿意的水準，這種工作真的可遇不可求。我的想法是，若不是富二代的話，年輕時越是過著奢侈的生活，中年後就越沒有機會選擇自己想要的生活。薪資與付出的勞力與腦力成正比，努力的工作或許不一定能很快有回報，但不努力的話就不可能往正向發展。

儲蓄將成為你投資的底氣

此外，無論你計畫將來投資於股票、基金、房地產還是其他投資工具，沒有初始資金的累積，這些投資都無從談起。因此，儲蓄成為了投資的必要前提。

許多人在開始投資之前，往往忽視了儲蓄的重要性，而事實上，**儲蓄不僅是資本的累積過程，更是管理財務風險的一種手段**。建立一個穩定的儲蓄計畫，能夠幫助你在面對財務挑戰時保持穩定，例如失業或突如其來的醫療費用。

儲蓄所建立的緊急資金池，能夠讓你在投資虧損的情況下，依然可以維持基本的生活水準，這大大減少了財務壓力，讓你能夠更冷靜地面對市場波動。

除了防範風險之外，養成持續的儲蓄習慣還能夠為你提供穩定的資金流，這是進一步投資的基礎。當你累積了足夠的資金後，就可以開始進行定期定額或不定期不定額的投資，這有助於降低市場波動對你投資組合的影響，實現資產的長期增值。

儲蓄也是培養良好理財習慣的途徑，透過儲蓄，你可以學會如何控制開支、管理預算、避免過度消費，這些財務紀律在投資決策過程中尤為重要。

這種紀律性不僅使你能夠在市場波動時保持冷靜，避免情緒化投資，也能讓你在面對複雜的投資選擇時，做出更加理性的決策。

儲蓄的過程同時也是資金配置的準備過程。當你累積到一定數額的儲蓄後，可以根據自己的風險承受能力和投資目標，合理地將資金分配到不同的投資工具中，從而達到最佳的資產配置效果。這樣的資金配置可以幫助你平衡風險和回報，最大化資本的增值潛力。

此外，充足的儲蓄還能夠提供投資的彈性，讓你在市場機會出現時能夠迅速反應。如果市場上出現了低價的購買機會，而你擁有足夠的儲蓄，你就可以果斷投入，以獲取更高的潛在收益。

透過穩定且持續的儲蓄習慣，你可以為未來的投資道路上建立堅實的財務基礎。無論你的收入高或低，儲蓄都是一個必須堅持的過程。

只有在確保有足夠的儲蓄後，才能進一步進行各種投資操作，從而達成財務增值的目標，實現長期的財務自由。對於小資族來說，這不僅僅是規劃財務的第一步，更是邁向財務自由之路的穩健起點。

開源節流累積更多本金

我認為長期投資才是適合多數上班族或是小資族的投資方式，但你有概念所謂的長期是指多久的時間嗎？5 年夠嗎？10 年？抑或是 20 年呢？需要多久的時間才能讓資產的增值有感覺，有很大的一個決定因素來自於本金，也就是每個月能投入市場的金額。

增加每個月能投資的金額，可以透過「開源」的方式，例如上述提到的增加薪資、提升工時賺取加班費用、下班後斜槓接案等；也能透過「節流」，就是減少不必要的開支，例如減少喝手搖飲料（動輒 1 杯 70、80 元以上）、減少週末犒賞自己吃大餐的頻率、買二手車或二手手機等，都可以省掉不少開銷。

當我在讀虎尾科技大學碩士班時，因為週末經常需要往返南投老家，爸爸決定幫我買一台二手車。當時的我聽到這個消息時，內心充滿期待，因為這意味著我將擁有一台屬於自己的車，從此不必在颱風下雨時騎機車趕路。我原本以為應該會得到一台大概 3～5 年內的中古車，一台性能與外表都還不錯的代步工具。

結果當我回到家，映入眼簾的卻是一台超過 20 年的超級

老車 Toyota Tercel。那一刻，我的心情瞬間從期待轉為失落。雖然表面上感謝爸爸的好意，但內心還是有些無法接受，畢竟這與我的想像相去甚遠。當時的我，仍然抱持著年輕人的愛面子心理，覺得這輛老舊的車開出去，多少會讓人有點沒面子。

然而，隨著時間過去，當我開始出社會賺錢，並逐漸學會財務管理後，我才真正明白爸爸的用心，也更加理解「車子是負資產」這個道理。當年如果爸爸買了一台較新的車，不僅車價昂貴，後續的保養、保險或稅金等費用也會大幅增加，這些額外的成本對當時的家庭財務而言，都是不必要的負擔。而一輛舊車雖然外觀老舊，但只要維修保養得當，仍然能夠安全上路，足夠應付我的通勤需求。

這件事情讓我學到了一個重要的理財觀念，資產的價值不在於表面上的「新舊」或「價格」，而在於它能否有效滿足實際需求，並且以最小的財務負擔來達成目的。對於當時的我來說，這輛 Toyota Tercel 或許不是我夢想中的車，但它完成了它的任務，幫助我安全、便利地往返學校與老家。

從這件事我也深刻體會到，許多時候我們對金錢的觀念，會隨著年齡與經歷而改變。年輕時或許會注重「面子」，但成熟後更在意的是「裡子」，即資產的實際價值與財務影響。

現在回想起來，我非常感謝爸爸當時的決定。這不僅讓我在求學期間擁有了代步工具，也在我踏入社會後，為我奠定了理性的財務觀念：理性消費、適度開銷，將資金運用在真正能帶來價值的地方。這段經歷成為了我財務成長的第一課，也讓我在後來的投資與資產管理上，更加重視實質效益，而不是盲目追求表面的風光。

▍在消費與投資之間找到平衡

另外，現在的一支新手機，不論是蘋果還是安卓系統，價格動輒 3、4 萬元起跳，甚至更高。然而，這些手機內建的功能雖然五花八門，實際上我們日常真正會用到的，往往只是社群軟體、通訊軟體、相機、看盤軟體等基本應用。如果只是為了這些日常需求，其實沒有必要購買最新的手機，因為性能的提升對日常使用並不會帶來太大的影響。

與其花大筆錢購買新機，不如選擇二手或前幾代的旗艦手機，將多餘的資金拿來投資，這樣長期下來，對財務成長更有幫助。手機本質上是一種消耗品，即使購買當下是最新款，過 1、2 年也會被新機型取代，邊際效益遞減。不要追求最新款的手機，把省下來的錢用來投資，讓資產逐步增值還比較實在。

在這方面，我的做法是讓手機發揮最大價值，而非追求新機的快感。自從太太換用了蘋果的手機後，她退下來的舊機就成了我的手機，對我來說，這樣的安排完全足夠，因為這些設備在基本功能上依然表現良好，沒有影響到我的日常使用，但卻省下了大筆開銷。

這樣的理財方式，其實是一種資源最大化利用的思維。許多人習慣追求新款電子產品，往往忽略了它們的折舊速度快，一支新手機從購買那一刻起就開始貶值。然而，如果將這些花費轉為投資，無論是投入個股、ETF，或是其他資產，長期下來可能累積的財富遠比一支新手機更具價值。

當然，這並不代表完全不買新手機，而是思考是否真的有必要。如果現有手機仍能滿足需求，就沒有必要為了追新機額外增加負擔。

這種思維不僅適用於手機，也適用於許多消費決策，在消費與投資之間找到平衡，讓每一筆錢都能發揮最大價值，這才是長期財務穩健增長的關鍵。

1-3
財商認知到哪財富就會到哪

財商決定一個人能守住多少財富。許多高收入者會賺錢卻不會用錢，因缺乏財商與自制力，最終陷入財務困境。唯有提升財商、克服貪婪人性，才能讓財富穩健成長。

我很相信一個說法：「財商認知到哪，財富就會到哪，每個人無法駕馭超出自己財商認知的錢。」財富的累積包含了很多種面向，除了對工具的認知，還有心態的成熟度、對人性貪婪與人性弱點的認知等。

身邊的朋友就有很多例子，有些人覺得股市是很危險、很容易賠錢的地方，卻會輕信親朋好友，甚至是網路上認識、聊天才沒多久的異性網友介紹的投資機會。

貪婪容易讓人掉入金錢陷阱

在一般正常的情況下，聽到以下故事的人，應該都會直覺反應是有問題的「局」：網路上突然有不認識的「異性網友」（實際不確定，但頭貼是異性）私訊你，並很熱情地每天噓寒問暖。

若沒有防備心，聊著聊著很容易就會產生所謂的「暈船現象」（對對方動心、產生情感依戀），詐騙集團利用單身朋友渴望愛情的人性，在聊天的過程中取得信任並藉此透露，有零風險高報酬的投資機會，例如「利率很高」、「投越多賺越多」、「我只有跟你講，現在沒有人知道，不要張揚」等話術，讓人一步步掉入愛情與投資的陷阱裡。

一旦掉入圈套後，無論身旁的朋友如何好言相勸，也無法使其回到理性的思考，最後就是台語說的「人講毋聽，鬼牽叩叩行」，沒有親身走過這一回，真的不會回頭。

這就是對財商與人性弱點的認知不足，所以即使好不容易辛苦工作存下了很多錢，但最終會以某種方式失去這些錢，因為沒有辦法駕馭超出這些認知的錢。這是一個很無奈但卻真實存在的常見案例，只能靠平時財商的養成與宣導來避免這些憾事。

另一個故事是，有一位朋友發現自己的資產，一直卡在一個檻上不去，跟他聊天的過程中才發現，他的投資有長線與短線的部位，長線部位都是買入並持有，以存股的方式進行；短線部位則是做些波段或當沖等，風險相對高的操作。

長線部位雖然都有持續在增長，但短線部位幾乎都是小賺大賠，賠光了之後，就從長線部位挪錢到短線部位，這種一邊在獲利一邊在漏財的模式，也難怪資產規模會卡住。

我認為這就是心態不夠成熟與沒有克服人性的貪婪，明明自己已經很清楚怎麼做會賺錢、怎麼做會賠錢，但卻無法下定決心戒掉短線的操作，還幻想著要再賺快一點、再多賺一點，以為是在抄近路，結果都是在繞遠路。

投資最大的敵人是「貪婪的心」，要戰勝它，不是一件容易的事，可能需要遭受很多次的教訓，且需要三不五時地提醒自己，不要試圖去賺那些不屬於自己的錢。一般上班族投資是斜槓、是業餘，業餘打贏專職的交易人聽起來很勵志，如果真的發生比別人花更少時間卻能贏，多數是運氣好，而不是常態，不要存有僥倖的心理。

大家都想要快速賺錢發大財，但一般人只是想，沒有辦法像全職投資人整天在做研究與想策略，現實是殘酷的，把時間

花在上班,就只是專心上班,領到薪水後進行長線投資,才能忽略股市中的訊息差與股價的波動。

▌「會賺錢」與「會用錢」是兩回事

很多人認為,只要會賺錢,就一定能變得富有,然而,現實中卻有許多高收入者、明星、企業家,即使賺進大筆財富,最終仍因為財務管理不當而陷入經濟困境,這凸顯了一個重要的財商概念:會賺錢≠會用錢。

會賺錢,代表一個人有能力透過工作、創業、投資等方式獲取收入;會用錢,則攸關如何有效管理資產、控制開支、投資增值,以及預防財務風險。**缺乏財商,即使擁有再高的收入,也可能最終陷入財務困境。**

高收入不等於財務自由,許多人認為「只要賺夠多,就不用擔心錢的問題」,**但財務自由的關鍵不只是收入,更重要的是資產管理與現金流控管。**

有些高收入者因為沒有合理的資產配置,將大部分收入花費在奢侈品、娛樂,甚至舉債過度消費,最終導致財務危機。而懂得投資與理財的人,則會讓收入產生「複利效應」,不斷累積財富。

沒有財商 收入再高也會回到原點

許多賺錢能力強的人,在事業巔峰時賺進大筆財富,但因為財務管理不善,最終導致破產。「會賺錢但不會用錢」的例子太多了,例如以下 3 位名人的故事。

麥可‧傑克森(Michael Jackson)被譽為「流行音樂之王」,生前的專輯銷量超過 3.5 億張,年收入高達數億美元,曾是世界上收入最高的藝人之一。然而,他在財務管理上缺乏規劃,使得他即使擁有驚人的賺錢能力,最終仍面臨嚴重的財務危機。

他擁有數十棟豪宅、私人動物園、夢幻莊園(Neverland Ranch),單是維護費用每年就高達千萬美元,即使財務狀況惡化,他仍然不減開銷,並透過借貸來維持奢華生活,最終負債高達 4 億美元。另外,他曾買入多個投資項目,但缺乏管理,導致資產貶值,最終成為財務黑洞。

尼可拉斯‧凱吉(Nicolas Cage)2009 年收入高達 4,000 萬美元,卻因過度消費與失敗投資而破產,他是 1990 年代最賣座的好萊塢演員之一,然而 10 年內,他卻因為財務管理不善而破產。

他擁有 15 座豪宅、4 座遊艇、2 座城堡,甚至購買了價

值數百萬美元的恐龍頭骨與埃及法老的陵墓,光是房產管理費每年就要數百萬美元,導致財務負擔巨大。

他曾大舉投資房地產,但 2008 年金融危機時,房價暴跌,導致他的資產嚴重縮水。他投資的多個項目因管理不善,資金回收困難,導致現金流出問題。由於長期忽視財務規劃,他最終欠下美國國稅局(IRS)1,400 萬美元稅款,被迫變賣資產償還債務。

麥克‧泰森(Mike Tyson)曾是世界重量級拳王,生涯總收入估計逾 3 億美元,擁有豪宅、私人飛機、數 10 輛名車,甚至為自己的老虎打造一座專屬動物園,每月開銷高達 40 萬美元,長期維持奢華生活,最終無法支應,在 2003 年申請破產,當時他已負債 2,300 萬美元。

由於缺乏財商,他的財務顧問利用漏洞欺詐,使他損失大量財富,並陷入多起官司,導致大量財產被凍結,最終不得不賣掉資產來支付債務。

這些名人案例告訴我們,財富管理比單純賺錢更重要。如果不懂得如何規劃與運用金錢,即使收入再高、賺得再多,最終也可能因揮霍無度或投資失當而走向破產。

這裡提供一些財商原則，讓大家參考：

- 先管理支出，再考慮收入
- 避免過度槓桿，量入為出
- 建立長期資產配置，讓錢為你工作
- 確保現金流穩定，不因短期開銷影響長期財務
- 不要把財富管理交給別人，自己要有基本的財商知識

財商才是最重要的賺錢能力，會賺錢是一種能力，但會用錢才是累積財富的關鍵。真正的富有不是短期高收入，而是能夠有效管理資產，讓財富持續增長，擁有財商的人，即使收入普通，仍能穩健累積資產；缺乏財商的人，即使賺得再多，也可能最終一無所有。

Note

1-4
通膨是敵人也是朋友

通膨會讓現金購買力下滑,與其長抱現金,不如將資金投入會增值的資產,才能對抗通膨、累積財富。同時,通膨也會降低負債的實質價值,若善用固定利率貸款,更能擴大兩者間的差距。

資產可以分為會貶值的資產與會增值的資產,會貶值的資產是指,隨著時間推移價值會下降,通常是因為折舊、市場需求降低,常見的例子包括汽車或電子產品等,而增值的資產是隨著時間推移價值會增加,例如房子、股票或藝術品等。

在通貨膨脹的環境中,現金亦被視為會貶值的資產,通貨膨脹發生時,物價上漲導致現金的購買力減弱,也就是同

樣數額的現金能購買的商品和服務變少。在日常生活中，處處可以感受到通膨的影子，例如便當、手搖飲料或茶葉蛋等價格。

由於現金本身不會隨著通貨膨脹而增值，因此長期持有現金等於實際財富會縮水。雖然現金具備高流動性的優勢，但其隱含的貶風險在高通膨環境中尤為顯著。

長抱現金 你的錢會越來越薄

消費者物價指數（CPI，Consumer Price Index）為計算通貨膨脹的依據，是一種衡量消費者購買商品和服務價格變動情況的經濟指標，它反映了一個國家或地區在一定時間內，典型的消費者生活必需品和服務（如食物、交通、醫療等）價格的變動幅度。

CPI 被廣泛用來衡量通貨膨脹或通貨緊縮的程度，當 CPI 上升時，表示生活成本提高；反之，則代表物價下降。政府、企業和投資人通常依據 CPI 來制定政策和策略。自 2021 年以來，台灣的 CPI 消費者物價年增率約在 1.5% ～ 3.5%（見圖表 1-4-1），等於現金每年以此速度在貶值，這也說明了把現金投入會增值資產的重要性。

圖表 1-4-1 台灣 2021 年以來 CPI 年增率

資料來源：中華民國統計資訊網
資料時間：2021/01～2025/04

有投資與沒有投資在短期間看不出任何差異，但經過 3 年、5 年後，資產的增加與現金的貶值就會把兩者的差距越拉越開。通貨膨脹會逐漸侵蝕現金的購買力，例如，如果通膨率是 2%，那麼經過 5 年後，現金能夠購買的商品和服務會變少，實際價值在下降。

以每年 2% 的通膨率計算，5 年後，現金購買力剩下約 90.57%（相當於 100 元的現金購買力降至 90.57 元）。

$$\boxed{購買力} = \frac{100}{(1+通膨率)^n}$$

其中，n 是年數。

反觀資產若以 7% 的年複利再增值，經過 5 年後，資產將增加約 40.26%。這種隨著時間逐漸擴大的差距，讓我們了解資本增值的重要性：投資人的資產不僅能保持價值，還有機會獲得回報。因此，進行長期的穩健投資是對抗通膨與實現財富增長的關鍵策略。

$$\boxed{A} = P \times (1+r)^n$$

其中，
A 是最終資產價值
P 是初始資產價值（基礎值）
r 是年增長率（在此情況下為 7%，即 0.07）
n 是年數（此處為 5 年）

資產的收益增長百分比為：

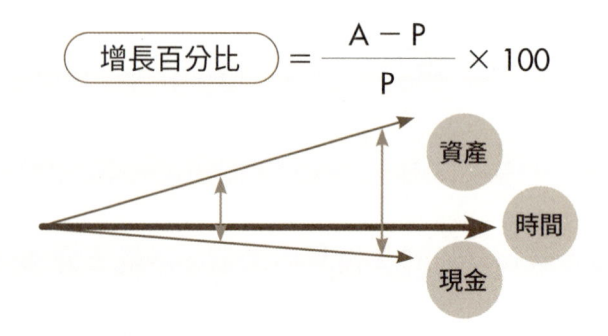

$$\boxed{增長百分比} = \frac{A - P}{P} \times 100$$

多數人一開始聽到要等到累積 5 年才有感，感覺要很久，但如果沒有開始，就永遠不會向前走，與其羨慕那些已經走過一大段路，正在享受複利增長的人，不如就從現在開始累積屬於自己的複利。

▎通膨之下 反而有利負債

當談到通貨膨脹，許多人立刻聯想到購買力下降、物價上漲，以及生活成本提高。確實，通膨對於持有大量現金的人來說，是一種無形的資產侵蝕，但若能正確理解並適當應對，通膨並不一定是壞事。實際上，薪資與資產價格通常也會隨著通膨上升，使得通膨的影響在長期內相對可控。

在我工作的 10 年期間薪資持續成長，我相信其中包含了

自我能力的提升與通膨兩大部分，許多人擔心通膨會導致生活負擔加重，卻忽略了一個關鍵事實：歷史數據顯示，長期來看，薪資增長通常能跟上或超越通膨率。原因如下：

- **企業營收提升帶動薪資成長**：當通膨發生，企業通常會調整商品或服務價格來維持利潤，這也間接促使薪資上漲。
- **勞動市場供需影響薪資增長**：當經濟成長，勞動力需求增加，企業為了吸引人才，勢必會提高薪資。
- **技能提升與職涯發展**：個人在職場上的技能提升、職位升遷，往往能帶來比通膨率更高的薪資成長。

因此，對於具備專業能力、願意持續學習與適應市場變化的人來說，薪資成長的速度通常能夠抵禦通膨的影響。

通貨膨脹會逐漸削弱貨幣的購買力，而負債的名義金額（Nominal value），也就是借款時的金額，雖然在數字上是固定的，但其實際價值會隨著通膨而不斷縮小。多年後的500萬元看似與現在的500萬元相同，但能夠購買的商品和服務卻大不相同，實際經濟價值已被通膨侵蝕。

假設跟銀行借款 500 萬元，分 7 年 84 期還，利率是 3%，通貨膨脹率也是 3%，7 年後的總還款金額是 5,549,586 元（月還款約 66,066 元），但因為通膨調整後的實際購買力為 4,512,321 元。

這代表在每年通膨率為 3% 的情況下，7 年後的 5,549,586 元（名義金額），其購買力只能等同於今天的 4,512,321 元，表示在通膨的影響下，最終實際還款的購買力比名義金額少了約 1,037,265 元（約 19%），透過這個例子就可以明顯地看出負債縮小了。

$$\boxed{調整後的金額} = \frac{年還款金額}{(1+通膨率)^t} = 4{,}512{,}321 \text{ 元}$$

其中，t：還款的年份（1～7 年）；年還款金額：每月還款額 ×12。

這也是為什麼適度使用槓桿（如固定利率貸款）被認為是一種有效的財務策略，因為你償還的是「過去值」的貨幣，而非「現在值」。

通膨能減輕負債的實際經濟負擔，讓借款人在未來償還時相對輕鬆。然而，這並不意味著負債越多越有利，仍需謹慎考量利率變動和總負債額度，避免陷入過度負債的風險。特別是在浮動利率貸款的情況下，若利率上升，利息支出增加，可能會部分抵消通膨帶來減輕負債的效應。

　　此外，通膨雖然可以降低負債的實值，但並不能完全解決償債壓力，因為還款能力最終取決於收入增長是否能跟上通膨的速度。理性評估自身財務狀況，保持適度負債，才是有效應對通膨的關鍵策略。

1-5
槓桿是工具 而非毒藥

槓桿可幫助小資族加速資產增值,但前提是先建立緊急預備金、穩定現金流,才能避免壓力過大反而造成反效果。槓桿是工具,不是毒藥,關鍵在控管與自律。

根據主計總處的統計可以看出,多數上班族很難拿到年薪百萬,在 30～39 歲的年齡層中,只有前 10% 的收入菁英年薪才能超過 100 萬元,而總薪資中位數則是 55.7 萬元(見圖表 1-5-1)。

這個階段正值結婚組織家庭、上有老下有小的時候,此時的家庭開銷也相對大,扣掉日常支出後,其實可用於投資的金額真的很有限。

圖表 1-5-1 **台灣各年齡層年薪分布** （單位：元）

分類	未滿 25 歲	25～29 歲	30～39 歲	40～49 歲	50～65 歲
年薪前 10% 收入菁英	59.1 萬	96.1 萬	121.3 萬	143.7 萬	148.3 萬
年薪前 20% 高薪族	50.2 萬	74.7 萬	91.7 萬	109.2 萬	108.4 萬
年薪前 50% 中堅份子	37.6 萬	50 萬	55.7 萬	59.4 萬	55.8 萬
年薪最低 10% 奮鬥者	19.6 萬	32.8 萬	33.7 萬	33.9 萬	32 萬

資料來源：主計總處
資料時間：2023 年

▌先確保有財務緩衝 再啟動增值策略

對於小資族而言，僅依靠現有的薪資累積資產可能進展緩慢，因此適當使用槓桿是一種有效的策略。槓桿工具可以幫助加速資產的累積，但前提是要在相對安全的條件下運用，例如選擇穩健的投資標的或設定清晰的還款計畫。透過合理的槓桿管理，小資族可以在有限的資金條件下實現資產增值，提升家庭的財務彈性和長期的生活品質。

然而，槓桿是一把雙刃劍，其使用應謹慎，需要充分了解風險，並將風險控制放在首位。例如，要確保家庭現金流的穩定性，以應對可能的市場波動或突發情況。同時，也要避免過度槓桿，以免增加財務壓力。

在妥善規劃和管理下，槓桿可以成為小資族實現財務目標的重要工具，而非成為負擔的來源。

當確保儲蓄金額達到 3～6 個月（因人而異）的緊急預備金，可以用來應對突發的生活支出或其他意外事件後，代表著你有足夠的緩衝墊，可以開始將多餘的資金投入到更高風險和更高回報的投資工具中，如股票或基金。

在啟動增值策略的同時，確保「收入穩定且可預期」也是非常重要的。

穩定的收入能夠支持你持續進行定期投資，即使市場出現波動，也不會因資金不足而被迫退出。此外，隨著資金的累積和財務知識的提升，你的風險承受能力也會逐漸增強，當你對市場有一定了解，並能夠接受波動帶來的心理壓力時，就是啟動增值策略的最佳時機。

在制定財務增值策略時，合理運用槓桿可以加速資本的增長，然而，槓桿策略必須建立在嚴格的風險管理基礎上，確保在市場出現波動時，不會因為槓桿導致無法承受的財務壓力。

投資人應該隨時保有資金運用的彈性，靈活調整槓桿比例，並根據個人的風險承受能力和市場狀況進行調整。

適度的槓桿運用，結合穩健的增值策略，可以在控制風險

的同時實現資產的快速增值,幫助投資人更快達到財務目標。

用生命週期投資法分散投資時間

在《諾貝爾經濟學獎得主的獲利公式》(Lifecycle investing)一書中提到「分散時間投資」是一種與「分散資產投資」類似的投資策略。

對一般上班族而言,剛踏入社會起薪不高,能用來投資的錢與中壯年升官加薪後相比,相對少很多。雖然年輕時已開始投資,但剛出社會的前幾年,投資金額占整體人生投資金額比例相當小,以分散時間風險的角度來看,遠遠不夠。

把一生中多數的投資金額都放在下半場再投入股市,假設是 10～20 年的投資週期,其實風險是相對高的,分散時間投資的理念就是要將一生中投入市場的資金,盡量平均分配投入市場,投資週期擴展到 30～40 年,即可分散相當程度的風險。

為了平衡投資人在年輕時期資金不足的問題,作者主張年輕的時候,一定要利用槓桿來增加股票的暴險部位,隨著年齡增長,再逐漸減少股票暴險部位,如此來降低投資風險,實現分散時間投資。

作者提出了生命 3 階段的槓桿比例：

- **第 1 階段**：工作的前 10 年，槓桿比例是 2 倍，也就是借貸與自有資金相同的金額。
- **第 2 階段**：工作的第 11 年到 50 歲左右，槓桿比例約在大於 1 小於 2 倍之間。
- **第 3 階段**：退休前 10 年，完全去槓桿。

每個人適合的比例不同，可以依自身的心態與市場的多空頭調節槓桿比例，當你覺得市場的波動或還款金額會造成負擔時，那就要考慮降低槓桿的比例。

槓桿是長期使用，賺取報酬率減去借貸利率的利差，而不是拿來重押一夕致富。若處於有壓力的情況下，那肯定就是哪邊出問題了，許多人分不清楚「可以開槓桿」跟「把槓桿開爆」的差別，要先認識槓桿，也要先認識自己後再行動。

以過往的經驗來看，股票市場多頭的期間一定比空頭長，但我們無法預期空頭何時會來，會持續多久，若空頭持續了 10 年，而投資人沒有進行分散時間投資，在 20 年的投資週期中，有一半的時間都在空頭中度過，這樣的投資風險是偏高

的，也會因而大大影響投資績效。

使用槓桿投資是相對積極的做法，但不要誤會它是一種極端，與房地產相比，在台灣房地產首購頭期款只需要支付 20% 的房價，例如用 300 萬元的自備款加上 1,200 萬元的貸款就可以買下 1,500 萬元的房子，等於是開了 5 倍的槓桿，但這樣的槓桿倍數並不適合用於股票投資，槓桿比例是關鍵，不僅與心理壓力有關，也直接牽涉到可承受的最大回檔百分比。

新聞上常出現因為槓桿使用不當而造成家破人亡的案例，導致多數人從小就被教育走最保守安全的路、絕對不能借錢投資。在沒有辦法拿捏槓桿比例、現金流不夠穩定、沒有風險意識、不夠自律、沒有自己的投資方法之前，的確是如此。

那些因為槓桿比例過高而負債的案例，其實算是「槓桿投機」而不算是「槓桿投資」，所以不要因為看到那些槓桿失敗而負債的案例就完全推翻槓桿這樣工具，應該了解其背後為何會造成負債的原因。

長期投資更需要資金控管

此外，資金控管也是一門知易行難的課題，簡單來說就是

讓自己的資金隨時保有彈性可以運用，遇到下跌時，能夠有足夠的銀彈加碼，而不是只能「望跌興嘆」。但多數的股民常見的現象是，下跌時買太快，深怕股價隨時會反彈，沒有搭到上漲的列車，等到真正進入價值區時，早已沒錢加碼。

實際上，一個趨勢的形成，是不會那麼容易在短時間改變的。要清楚自己是想要長期投資而不是只想要反彈搶個短線。把持有的時間拉長，只需要買在相對低點的區間就可以了，而不是最低點。

要先確認自己每個月的收入扣掉日常開銷後，還可以投入多少金額到股市，再來是若要透過槓桿補充資金，有哪些管道與大約有多少金額可以用。

能借到多少是一回事，主要得衡量自己是否有足夠的現金流可以還款。若平常已有使用股票質押工具的投資人，可以將股票庫存保留約3～5成不質押，或是質押後不借出，等到市場遇到比較明顯的修正，再使用此工具。

Note

1-6
投資最大風險是你的情緒

投資最大的風險不是市場，而是情緒。貪婪讓人追高，恐懼讓人殺低，唯有冷靜、自律與風險管理，才能穩健累積資產。成功關鍵在於找到適合自己的投資模式，長期執行、重複獲利，而非追求一時暴利。

在投資的世界裡，市場每天都在變動，價格忽上忽下，新聞媒體充滿著「市場崩盤」或「財務自由」的極端論述，這讓許多投資人無法保持冷靜，容易受情緒驅動而做出錯誤的決策。

然而，真正能在市場中長期存活並獲得穩定回報的人，都有一個共通點：他們能夠理性面對投資的盈虧，不因短期波動而影響自己的決策。

不論是在職場或是投資環境,我覺得盡量「做一個沒有情緒的人」是不錯的選擇,所謂的「沒有情緒」並不是指完全不在乎、不關心,而是能夠控制情緒,不讓市場的波動影響判斷。這種冷靜並非冷血,而是一種理性的態度。

投資市場上最常見的 2 種情緒:貪婪與恐懼。這兩者往往導致投資人買在高點、賣在低點,與長期獲利的目標背道而馳。

- **貪婪**:股價快速上漲時,投資人往往會過度樂觀,害怕錯過機會(FOMO,Fear of Missing Out),甚至加大槓桿追高。結果當市場回檔時,虧損反而比預期更嚴重。
- **恐懼**:市場崩跌時,投資人會陷入恐慌,即使投資標的基本面良好,也會因為害怕更大的損失而賠錢出場。結果市場回升時,自己卻錯失了最佳的進場時機。

因此,更精準地來說,一個成功的投資人不是沒有情緒,而是懂得管理自己的情緒,不會因為市場短期的波動而做出衝動決策。

投資從來沒有穩賺不賠的

「投資一定會賺錢」這是許多新手投資人常有的誤解，尤其當市場處於多頭時，許多人容易有「賺錢很簡單」的錯覺。然而，市場的本質是波動的，沒有任何投資是穩賺不賠的，即使是最優質的資產，也會經歷短期回檔。

幾個常見的錯誤思維：

✘ 這檔股票不可能跌太多，因為公司很賺錢。

○ 事實上再好的公司，股價也會受到市場情緒影響而有不小的波動。

✘ 這支 ETF 這麼多人推薦，應該沒問題。

○ 事實上市場上沒有 100% 確保獲利的投資，ETF 也會隨市場起伏。

✘ 房地產永遠不會跌，所以買房一定賺。

○ 事實上房市也有週期，槓桿過高或是追高買，一旦價格回跌，可能造成嚴重虧損。

正確的投資觀念應該是，市場本質是波動的，沒有穩賺不賠，能長期獲利的關鍵在於風險管理與紀律執行。

市場上最大的敵人不是行情，而是投資人的心態。當投資出現虧損時，如果沒有正確的應對方式，很容易因為短期的情緒影響，做出錯誤的決定。

投資人需要理解，虧損不是投資失敗，而是投資過程的一部分。沒有人可以永遠買在低點、賣在高點，所有成功的投資人都經歷過虧損，關鍵是如何應對。

較好的做法是先確定自己能接受的最大虧損範圍，例如資產的 10% 或 20%。若投資組合跌破該範圍，就需要評估是整體環境的問題還是選股的問題，而不是情緒化地全部砍掉。

市場每天都有新聞，媒體、分析師、社群媒體都會影響投資人的情緒，但真正的成功來自於獨立思考，不因新聞標題恐慌或興奮，而是回歸基本面。避免盲從市場熱潮，自己做功課再決定投資標的。

市場不會因為你的焦慮而改變，股票不會因為你的祈禱而回升，抱怨或發洩情緒，對投資毫無幫助，反而可能影響理性判斷。設定進出場或停損的規則，只按照計畫交易，不因市場情緒隨意改變策略。

投資不是短期賭博，而是一場長期的累積。短期虧損只是過程，如何調整心態、從錯誤中學習，比一時的盈虧更重要。

累積投資知識，避免重複犯錯，提高投資勝率才是最重要的。**投資不只是數字，更是心態的修練**，成功的投資人，不是因為他們從不虧損，而是因為他們能夠：

- 接受虧損，學會風險管理
- 控制情緒，堅守紀律
- 長期專注於投資計畫，而非短期市場波動

投資就像一場馬拉松，而不是短跑衝刺，只有那些能夠冷靜面對市場波動、不因短期結果動搖的人，才能最終獲得長期的回報。當你學會在市場波動中保持冷靜，你就已經比多數的投資人更接近財務自由了。

投資不是看誰能賺最多，而是看誰能活得最久。在投資的世界裡，冷靜永遠比激情更重要。

找到適合的模式 長期執行才是關鍵

投資並不是一場短期博弈，而是一個長期資產累積的過程。許多新手投資人往往希望透過短時間內的高風險操作快速獲利，但隨著經驗的累積，就會發現，真正能讓財富穩定增長

的關鍵，在於找到適合自己的獲利模式，並持續重複執行。

當投資策略逐步成熟，並且經過多年的實踐後，看著資產穩定增長，會帶來極大的成就感，而這正是投資的重現性所帶來的力量。

所謂「重現性」，指的是當你找到一套經過市場驗證的投資方式後，能夠反覆執行這套方法，並且在長時間內持續獲利。例如，我偏好價值投資，透過篩選低估值、低基期的公司，長期持有並享受股息與股價成長的雙重收益；有些人則專注於股債配置，依照市場週期調整資產比例，降低風險的同時穩健增值。

無論是哪一種方法，關鍵在於找到符合個人風險承受能力與財務目標的投資模式，然後不斷優化與執行。

當一種投資策略能夠被長期重複使用，且獲得穩健回報，就能避免因市場短期波動而產生焦慮與不確定性。許多投資人之所以無法持續獲利，往往是因為缺乏紀律與長期執行的耐心，當市場波動時就改變策略，甚至完全放棄原本的投資計畫。但那些能夠長期累積財富的人，通常都是找到自己的投資模式後，耐心地一再執行，無論市場起伏，始終堅持紀律。

投資的本質，其實與任何專業技能的學習過程相似。剛開始時可能會經歷試錯與調整，但當某種策略經過長時間驗證後，並能夠持續帶來穩定回報，那麼真正的財富增長就變成了一種「可以預期的結果」，而非「單靠運氣的賭局」。當我們回頭看過去幾年，發現自己的資產確實因為這套方法而持續累積，那份成就感與財務安全感，遠比短期的暴利更值得追求。

投資的核心不在於一次性的高額獲利，而在於如何建立一個穩健、可持續重複的資產增長模式。當你找到適合自己的投資策略，並在多年後看到資產穩定成長時，你會明白，真正的財富累積，不是來自於單次的市場機遇，而是來自於長期的紀律執行與可重現的獲利模式。

Note

1-7
與其羨慕別人不如起身行動

「本業」是財務增值的根基,「投資」是資產翻轉的工具,而持之以恆的學習與實踐,才是通往財務自由的關鍵。不靠比較、不怨天尤人,專注累積自身價值,讓渴望成為行動力,才能真正改變命運,與其羨慕他人,不如腳踏實地行動。

財務增值是許多人追求的目標,而在這條路上,「本業」往往是最穩定、可預測的收入來源。工作不一定要「贏在起跑點」,但如果有心、有態度,願意持續學習與提升能力,依然能夠獲得自己應得的薪酬,甚至超出一開始的預期。

這與投資的本質有些相似,只要選擇了對的賽道,並持續累積價值,那麼薪資的成長上限就不會完全受限於起薪的高低。

創造財富不是靠抱怨 而是靠行動

現實的確殘酷，社會階級的世襲讓許多人在出生時就已經處於完全不同的財務起點。

有些人一出生就擁有了別人數輩子都難以到達的資產，這使得財富的累積在某些人身上顯得輕而易舉，而其他人卻需要用一生的努力去追趕。即便如此，仇富從來不會讓我們的生活變得更好，反而只會消耗我們的精力，使我們陷入消極與抱怨的迴圈。

真正能夠翻轉階級的方法，只有「行動」——上班、投資，甚至創業，都是值得考慮的選項。工作能提供穩定的現金流，投資則能夠讓資產增值並產生被動收入，而創業雖然潛在收益較大，但風險也相對更高。

每個人的選擇不同，但無論是哪條路，最重要的是持續累積價值，讓自己具備創造財富的能力，而不是單純依靠環境或運氣。

在這條財務增值的路上，樂觀、行動力與信念是我們最好的夥伴。雖然我們可能還未擁有龐大的財富，但至少我們正在努力朝著這個方向前進。真正重要的不是我們現在擁有多少，而是我們是否願意為了更好的未來付諸努力。

只要持續投資自己、累積財務知識,並選擇對的策略與賽道,翻轉階級並非遙不可及的夢想,而是可以實現的目標。

與其羨慕別人,不如專注於自己。每一步的提升,無論是工作能力的進步,還是投資知識的累積,最終都將成為我們財務自由的基石。讓我們懷抱樂觀,相信自己能夠改變現狀,並持續採取行動,因為真正的財務自由,從來不是等來的,而是靠自己一步步創造出來的。

太愛比較、越級打怪 只會打擊自己的信心

過年期間,看著 4 個小孩一起玩 Switch 的瑪利歐遊戲,讓我不禁思考起現實世界的縮影。孩子們的年齡從 6～11 歲不等,這款遊戲的魅力在於它能夠多人共享遊玩,既是一種分享,也是一場競賽。每個孩子都全力以赴,希望獲得最高積分,拿到第一名,連最小的孩子也不例外。

但作為旁觀者,很容易看出不同年齡的孩子在操作熟練度、遊戲角色的掌控能力上有著明顯的差距。最小的孩子或許根本沒有意識到,他正在與完全不同量級的對手競爭,只單純認為這是一場公平的比賽,然而,年齡、經驗和能力的差異,注定讓這場比賽的結果不可能完全平等。

在現代社會中，我們常常不自覺地將自己與他人比較，特別是對看似比我們生活更富足、更成功的人，抱有羨慕甚至企圖追趕的心態。然而，這種比較往往是有害的，特別是當我們與那些在條件、能力或經驗明顯不在同一層次的人進行比較時，結果往往只會打擊自己的信心，削弱我們對自身價值的認同。

當我們羨慕別人的生活、別人的財富，或他們在投資中的高額獲利時，往往忽略了一個事實 —— 我們與他人的背景、資源及經歷是完全不同的。這些差異可能來自年齡、起點、專業背景，甚至單純是機遇的不同。

比如，一個比我們年長 10 歲的人，擁有比我們多 10 年的收入、投資經驗和複利效應累積。如果單純將自己的現狀與他的財富進行比較，忽略了這些背後的差距，我們很可能會對自己的進展產生懷疑，甚至放棄持續努力。

更重要的是，我們在羨慕他人的同時，往往沒有意識到，自己已經擁有的，可能也是別人求而不得的。例如，我們可能羨慕別人擁有豪宅或大額投資帳戶，但卻忽略了自己已有的穩定工作、幸福的家庭和健康的身體，這些都可能是其他人夢寐以求的資源。過度沉迷於他人的生活，會讓我們錯失感恩當下、珍惜已有的機會。

因此，與其將注意力放在別人的成就上，不如專注於自己的資產累積，腳踏實地追求可持續的增長。財務成長就像一場馬拉松，而不是一場短跑競賽，我們應該設定適合自己的目標，根據自己的條件與能力制定計畫，逐步實現資產的穩定增長。同時，也要學會享受這個過程，感受每一個小目標達成時的成就感，而不是一味地和別人比較。

最終，幸福與成功的定義並不取決於他人的標準，而是我們對自己價值的認可。專注於自己的目標和進步，珍惜自己的條件和成就，才能在生活和投資中找到真正的滿足感。

只有持之以恆才能跑向終點

身旁有許多朋友都想改變自己目前的財務狀態，他們給我的感覺是，他們想要投資、想要變有錢，但是我從他們身上完全感受不到那種「想要變有錢」的渴望。光用想的或是嘴上說說，對現實一點幫助也沒有。

投資是一條漫長的旅程，這條路上可能會遇到彎路，甚至犯下一些錯誤，但只要不斷學習、持續改進，時間久了就一定能看到成果。許多人在投資初期會因為市場的波動、知識的不足或過去的失敗經驗而感到畏懼，甚至直接否定自己的能力，

但事實上，投資和學習任何一項技能一樣，**關鍵不在於一開始就懂得所有知識，而是在於願意一步一步地去實踐，並相信自己能夠成功。**

這種渴望透過投資改變財務狀況的心態，就像追求一個非常喜歡的異性一樣。當我們真心喜歡一個人，不會因為一次的挫折或對方的拒絕就輕易放棄，而是會努力讓自己變得更好，找出適合的方式與對方接觸，直到贏得對方的青睞。

投資也是如此，市場不可能永遠順風順水，過程中一定會遇到困難，比如經濟衰退、投資標的下跌，甚至一時的虧損，但真正想要改變財務狀況的人，不會因為幾次跌倒就選擇放棄，而是會分析錯誤，調整策略，繼續前進。

許多人口頭上說想要財務自由，想讓投資帶來被動收入，甚至想用投資來改變自己的經濟條件，但問題是，這些想法如果只是停留在「說」的階段，最終只會淪為空談。真正能夠實現財務成長的人，都是願意「身體力行」的人。

他們會主動學習投資知識，而不是等市場起飛時才後悔沒買進；他們會紀律性地執行投資計畫，而不是看到市場波動就心慌意亂地拋售資產；他們會願意從錯誤中成長，而不是一遇到挫折就全盤否定自己。

投資不是一場短跑，而是一場長跑。在這條路上，真正的關鍵不在於一次性的高額獲利，而是長期穩定的增長。很多成功的投資人，並不是因為天生具備投資天賦，而是因為他們持之以恆，不斷優化自己的投資策略，並願意在市場低迷時依然堅持自己的信念，這種堅持與努力，才是讓他們最終能夠實現財務自由的關鍵。

只有真正開始行動，投資才有機會成為改變人生的關鍵，而財務自由才會變成現實，而非遙不可及的夢想。

Note

第 2 章

加速引擎 1：
投資槓桿的應用

2-1 借鑑投資大師的槓桿啟示
2-2 長期複利＋槓桿增速＝放大資金
2-3 信貸：個人信用換取資金
2-4 房貸：最能放大資產的長期槓桿
2-5 融資：用股票作擔保 擴大投資部位
2-6 股票質押：以持股申請抵押借款
2-7 破解常見的 2 個槓桿迷思
2-8 做好風險控管 戰勝波動

2-1
借鑑投資大師的槓桿啟示

巴菲特以保險浮存金穩健放大報酬，西蒙斯靠量化模型控管高槓桿風險；反之，LTCM 與比爾・黃過度槓桿致崩盤。槓桿可加速資產累積，但須慎用，關鍵在於風險管理與穩健資金來源。

除了開源與節流之外，有沒有其他的方法來加速小資族財務累積的速度呢？我覺得可以再配合適當的槓桿來幫助財務的累積速度。

槓桿投資是一把雙刃劍，可以放大獲利，也可能讓投資人承受更高的風險。許多知名投資大師都曾經運用槓桿，有些獲得驚人的成功，但也有人因過度槓桿導致慘痛的失敗。以下分別與讀者分享成功與失敗的案例。

適度槓桿＋穩健資金來源

股神巴菲特穩中求勝

華倫‧巴菲特（Warren Buffett）使用低風險槓桿來穩健放大報酬，他透過波克夏‧海瑟威（Berkshire Hathaway）持有的保險公司獲得「保險浮存金」（Insurance Float），這是一種幾乎零成本的槓桿資金來源。他將這些資金投入於股票與企業收購，使得資產得以持續增長。

這種槓桿方式的關鍵在於，保險浮存金不像傳統槓桿工具（如融資或債務）那樣具有高昂的利息成本或強制平倉風險，因此即便市場波動，巴菲特仍然能夠穩健投資。

其運作模式為：保險公司向投保人收取保費，這筆資金成為浮存金，在理賠發生前，這筆資金被用來投資於股票、債券或企業收購，只有當被保險人發生事故時，保險公司才需要支付賠償金。

> **💰 小教室**
> 保險浮存金：指保險公司從投保人那裡收到的保費，但尚未支付給保單持有人的理賠金。在這段時間內，這筆資金由保險公司掌握，可以進行投資，從而產生額外的收益。

通常這個過程可能持續多年，只要保險業務維持增長，新的保費會持續流入，使保險浮存金規模穩定甚至增加。其優勢與成功的關鍵在於以下3點：

1. **低成本槓桿**：從保險浮存金獲得廉價資金，而非高息借貸。
2. **長期持有高品質資產**：選擇具有持續競爭優勢的公司，而非短期投機。
3. **風險管理**：不過度槓桿，確保即使市場不利時，依然能夠維持財務穩健。

量化交易之父吉姆·西蒙斯擺脫情緒變因

吉姆·西蒙斯（Jim Simons）以槓桿比例常態性約5～10倍進行高頻交易，透過數學模型與電腦算法來尋找短期市場錯誤定價，因此能夠在高槓桿的情況下維持相對穩定的收益。其成功關鍵在於以下3點：

1. **數據驅動決策**：運用先進的數學模型，避免人為情緒影響。
2. **市場中性策略**：做多與做空同時進行，降低單邊市場風險。
3. **短期交易**：快速進出市場，降低槓桿資金的長期風險。

槓桿過高＋無風險對沖

長期資本管理公司槓桿超過 25 倍

美國長期資本管理公司（LTCM）是由 2 位諾貝爾經濟學獎得主與華爾街菁英組成，該基金運用數學模型進行低風險套利（如政府債券息差交易），假設市場價格總會回歸均值。但 1998 年俄羅斯金融危機導致市場失衡，LTCM 的持倉嚴重虧損，最終被迫清算。究其失敗原因有以下 3 點：

1. **槓桿過高**：槓桿比率高達 25～30 倍，市場稍有變動就可能面臨爆倉風險。
2. **過度依賴數學模型**：未考慮到市場可能發生極端事件（如俄羅斯違約）。
3. **缺乏風險對沖**：認為套利交易幾乎無風險，因此未能有效對沖系統性風險。

韓裔美籍金融家比爾・黃世紀大爆倉

比爾・黃（Bill Hwang）的 Archegos 資本管理公司透過「總收益交換」（TRS,Total Return Swaps），用少量資金撬動高達 5～8 倍槓桿的大量個股倉位。他集中持有如維亞康

姆（ViacomCBS）、百度、騰訊音樂等個股，當股價下跌時，由於槓桿過高且缺乏流動性，導致公司爆倉並倒閉。其失敗原因有以下3點：

1. **隱藏的槓桿風險**：透過「總收益交換」來放大槓桿，導致實際風險難以察覺。
2. **集中持股**：重押少數幾支股票，沒有做好分散投資，一旦市場不利，風險無法分散。
3. **缺乏風險管理**：未設置停損機制，導致股價下跌時，銀行爭相強制平倉，最終資金歸零。

從以上投資大師們的經驗可知，適度槓桿＋穩健資金來源：如巴菲特的保險浮存金或西蒙斯的市場中性策略，能夠有效放大收益而不過度暴露於市場風險。

> **小教室**
>
> 總收益交換：是一種衍生性金融商品，簡單來說是指允許一方將獲得合約信用資產上的利息與這期間的資本利得或資本損失，作為交換，接受方則支付固定利率或浮動利率報酬。

槓桿過高＋無風險對沖＝災難，例如 LTCM 和比爾‧黃就是最好的證明，即使是專業投資人，過度槓桿與錯誤的市場假設，仍可能導致毀滅性的損失。

不要把自己過度暴露在風險之中

此外，成功案例大多會分散投資來降低槓桿風險，而失敗案例則往往將槓桿集中於少數投資標的，導致極端市場變動時無法應對。我自組 ETF 的核心觀念之一就是分散持股，找出不同類股中獲利穩健的公司來長期持有，你說困難嗎？透過目前許多篩選工具的幫忙，其實很容易就能找到一籃子的好公司。

雖然分散持股比較難有厲害的獲利，但當股市大跌時防禦性較佳，也就是對抗波動的能力也相對好，持有不同類股既可以享受到類股輪動時擁有強勢股的快樂，同時也可以撿到弱勢股的便宜。當能把持股波動度控制在相對小的狀態，使用槓桿就會相對安全。

使用投資槓桿需要謹慎，適當運用可以有效放大獲利，但過度槓桿則可能導致無法承受的風險。因此，在槓桿運用上，重點應放在控制風險、選擇穩健資金來源，以及確保市場波動不會導致破產。

有了財商思維後,可以了解槓桿不僅僅只能應用於投資股票,更是許多企業家成功的一大推力。他們並不是一開始就擁有龐大的資本,而是透過槓桿操作,將有限的資源最大化,創造出驚人的商業價值。

企業用槓桿擴展事業版圖

槓桿創業可以來自財務槓桿(借貸)、營運槓桿(低成本擴張)、人力槓桿(合作夥伴)等不同方式。以下是幾位知名企業家如何透過槓桿策略來創業與擴展事業的例子。

伊隆・馬斯克開創百億美元科技帝國

特斯拉(Tesla)執行長伊隆・馬斯克(Elon Musk)在1999年創辦的網路銀行公司X.com,2000年時與競爭對手Confinity合併,並在2001年正式改名為PayPal,2002年eBay以15億美元買下PayPal,馬斯克分得1.8億美元。

他並沒有保留現金,而是將這筆資金全部投資到新創事業:1億美元投資SpaceX、7,000萬美元投資特斯拉、1,000萬美元投資SolarCity(後來併入特斯拉)。全梭哈的槓桿策略,讓馬斯克的財務從1.8億美元變成數百億美元的科技帝國。

特斯拉在 2020 年前幾乎沒有獲利，靠股票市場融資來支撐成長，早期經營困難時，透過政府貸款 4.6 億美元（後來全部還清）；SpaceX 透過美國政府與企業的合約，確保穩定的收入來源，從美國 NASA 的合約，獲得數 10 億美元的政府資金，推動火箭發展。

馬斯克運用的關鍵槓桿策略包含：財務槓桿（動用自有資金＋政府貸款）；市場槓桿（利用特斯拉股價提升來融資）；營運槓桿（用政府合約來維持現金流）。

迪士尼打造世界級夢幻王國

1955 年，華特·迪士尼（Walt Disney）決定打造世界上第一個主題樂園「迪士尼樂園」，但當時的他沒有足夠資金來支持這個計畫。迪士尼無法獨自籌措建造樂園的資金，因此與美國銀行（Bank of America）取得貸款來籌建樂園。另外，也與 ABC 電視台達成協議，ABC 出資 500 萬美元，換取迪士尼樂園的獨家轉播權，並製作「迪士尼奇幻樂園」節目，提升品牌知名度。

迪士尼早期在加州買下大量低價土地，後來因樂園的成功，周邊土地價格飆升，這讓迪士尼可以進一步開發更多設施，形成良性循環。

迪士尼運用品牌槓桿──IP擴張商業價值。透過迪士尼角色（如米老鼠、唐老鴨）來授權周邊產品，擴展商業價值。

其關鍵槓桿策略包含：財務槓桿（借貸＋企業合作融資）；資產槓桿（低價買土地後增值）；品牌槓桿（利用IP擴張）

馬雲成立中國最大電商

馬雲的創業故事也是一個經典的槓桿運用案例，他靠人脈槓桿、資本槓桿、技術槓桿，從18人的小團隊，打造出中國最大的電商帝國。

1999年阿里巴巴創立時，馬雲用自己的人脈槓桿說服17位創始人投資資金，後來又獲得高盛、雅虎等國際資本的投資，讓阿里巴巴能夠快速發展。阿里巴巴不囤貨，而是建立B2B平台，讓全球中小企業互相交易，降低自身成本並放大影響力。

早期中國線上交易最大問題是買家怕被詐騙，馬雲開發支付寶來擔任中間人，透過「第三方支付擔保」解決買賣雙方的信任問題，進一步促進電商市場成長。

馬雲運用的關鍵槓桿策略包含：財務槓桿（國際資本融資）；營運槓桿（平台模式降低庫存風險）；技術槓桿（支付寶解決支付問題）。

麥當勞創建全球連鎖品牌

雷・克洛克（Ray Kroc）接管麥當勞後不自己經營所有店面，而是用「加盟制度」讓別人出錢幫忙開店。加盟商投資開店，麥當勞則提供品牌、管理系統與食材供應鏈，這讓麥當勞可以用極少的資本，在全球迅速擴展。

麥當勞不只是速食公司，還是一個「房地產帝國」。透過買下店面土地，然後租給加盟商，賺取穩定租金收入。其運用的關鍵槓桿策略包含：營運槓桿（加盟制度讓別人出資）；資產槓桿（買地收租，賺取額外收益）。

槓桿是創業成功的關鍵，這些企業家成功的關鍵，並不是單靠本錢雄厚，而是透過槓桿讓有限的資源發揮最大效益。槓桿創業的核心精神就是：

- 借助外部資源加速發展（財務槓桿）
- 利用市場機制降低風險（營運槓桿）
- 用品牌與技術放大效應（品牌槓桿 & 技術槓桿）

但槓桿也有風險，我相信試圖利用槓桿擴張，但最後卻因槓桿反噬而倒閉的企業比比皆是。

若市場環境變化、資金流動出問題，槓桿可能反噬企業，因此，成功的槓桿創業，關鍵在於風險管理與長期穩健的商業模式。

網路上有一張哏圖，欠銀行錢的大老闆們，身價一個比一個高；而努力賺錢，只敢把錢存在銀行，不敢承受風險的人，則很難有翻身的機會，看起來既有趣、有點心酸又諷刺。我們不需要成為企業家，但我們必須有一定的財商觀念，財商讓我們理解槓桿的風險、讓我們知道如何控制風險、讓我們學會如何讓錢幫我們工作，如此才有機會翻轉自己的人生。

2-1 借鑑投資大師的槓桿啟示

Note

2-2
長期複利＋槓桿增速 ＝放大資金

槓桿投資並非洪水猛獸，只要掌握利率成本與風險控管，能有效放大複利效果。但槓桿越大風險越高，若操作不當恐導致負債，建議分散投資、保持理性，槓桿是工具，不是捷徑。

投資加入槓桿，其實不是什麼妖魔鬼怪的做法，只要充分認識這個工具與認識自己的心態，它就是個累積資產的好幫手。

　　槓桿來的資金，其投資報酬率需要先扣掉槓桿的成本，也就是借貸的利率。換句話說，如果投資的年化報酬率低於借貸成本，那反而借越多會虧越多，至於借貸利率多少算低？多少又算高？這沒有一定的答案，是依每個人的年化報酬來衡量。

年化報酬率 10% 與 7% 的人相比，當借貸利率 5% 時，對於報酬率 7% 的投資人或許就沒那麼吸引人，而報酬率穩定有 10% 的人，卻可能覺得仍有 5% 的利差，而這個利差透過長時間的複利，可以滾出更多的錢。

舉例來說，本金 100 萬元、年化報酬 7%、借貸利率 3%，不同槓桿倍數（槓桿倍數＝總投資金額 ÷ 本金），在 5 年、10 年與 20 年後的差異性如圖表 2-2-1：

A：100 萬元（本金），年化報酬 7%（無槓桿）
B：100 萬元（本金），年化報酬 7% ＋ 20 萬元（借貸）年化報酬 4%（槓桿 1.2 倍）
C：100 萬元（本金），年化報酬 7% ＋ 50 萬元（借貸）年化報酬 4%（槓桿 1.5 倍）
D：100 萬元（本金），年化報酬 7% ＋ 100 萬元（借貸）年化報酬 4%（槓桿 2 倍）

隨著時間推移、初始投資金額的增加，連帶反映了最終金額的增長。特別是在 20 年的投資期限下，增加的初始資本使得最終收益顯著提高，這也是複利效應在長期投資下的影響力。

圖表 2-2-1 **不同槓桿倍數各時期的投資表現**

年數	A 100萬元 → 7%	B 100萬元 → 7% + 20萬元 → 4%	C 100萬元 → 7% + 50萬元 → 4%	D 100萬元 → 7% + 100萬元 → 4%
5年	1,402,552	1,645,882	2,010,878	2,619,205
10年	1,967,151	2,263,200	2,707,273	3,447,396
20年	3,869,684	4,307,909	4,965,246	6,060,808

100萬元的本金，投資年化報酬率7%，經過20年後來到3,869,684元，但長期使用2倍槓桿的最終金額則會有6,060,808元，這就是槓桿迷人的地方。

融資管道不同 風險也有所不同

那是不是使用4倍、5倍槓桿的資金來投資，就能快速的達到理想中的財富，早日退休？理論上槓桿倍數越大，越能放大獲利沒錯，但也越容易出事，這邊的「出事」指的就破產或負債，不要認為負債就負債，錢再賺就好。單身未婚時的負債靠著堅強的毅力或許能扛得住，但當有家庭、小孩時就不一樣了，那可能就會造成妻離子散、上社會新聞的悲劇。

舉例來說，本金100萬元，另外借了400萬元的資金，等於總投資金額是500萬元，開了5倍的槓桿。在股票市場

中,當配置不當、選股不當遇到空頭或黑天鵝等,投資報酬率來到 –20% 是很有機會發生的,這也代表著本金已經賠光,再下跌就是負債了,心裡的壓力可能也會再持續增加,負債也越來越多,最終將手上的股票認賠殺出,很有可能賠光了本金而且還有負債。

我認為當開到 2 倍左右的槓桿,就已經需要很分散的配置了,透過分散的配置來降低持股的波動率,也增加持股的信心。

常見在股票市場上使用的融資管道包含了信用貸款、股票質押、房屋增貸、房屋二胎等(見圖表 2-2-2)。

圖表 2-2-2 **常見的 4 種融資管道**

融資方式	優點	缺點	備註
信用貸款	無需抵押、審批流程快、靈活性高	利率相對高、信用要求高、貸款額度有限	適合上班族,特別是上市櫃公司,有固定的薪資收入、信用良好的人
股票質押	資金利用率高、快速獲取資金	有價格波動風險,可能影響投資決策	需要注意維持率問題,避免質押過於集中的股票
房屋增貸	利率相對較低、額度較高	審批時間相對長、有風險資產(可能喪失房產)	需要銀行鑑價等流程
房屋二胎	額度高、資金能靈活使用	利率較高,有可能增加債務負擔	需要銀行鑑價等流程

▌槓桿只是工具 心態要始終保持理性

　　使用槓桿來的資金進行投資，其心態要與一般拿薪資投資相同，不要因為槓桿的資金比較多、取得比較容易就影響原本買進的步調。一樣是要保持分散投資、分批買入與長期持有的原則。

　　使用槓桿投資的成敗取決於投資人的心態，投資的獲利由本金、時間與報酬率組合而成，借貸來的資金改變的是本金，有了更多本金，報酬率有機會微幅提升，但不要做太過冒險的事來增加投資報酬率，例如短時間 All in、太過集中持股、槓桿的資金再去買正 2 的商品等。

　　報酬率也就等於是波動率，它是一體兩面的，槓桿後的波動也會被放大，當波動是向下的，很容易產生心態崩潰，而有不理性的買賣。

　　投資的週期越長越安全，一樣需要足夠的時間來產生複利的效果，不要設定短時間的目標，例如幾個月內要賺到多少錢或是幾年內資產要翻幾倍等，有了時間的限制，就會有想要頻繁換股操作的想法，一心只想找到飆股或是短時間就要上漲的股票，到最後會變成追高殺低的韭菜。

Note

2-3

信貸
個人信用換取資金

信用貸款是以個人信用為擔保，不需抵押、資金取得快速。良好信用可降低利率、增加借貸彈性；反之，逾期還款、負債過高等 NG 行為會使信用評分降低，影響貸款與財務自由。

投資槓桿的資金來源多元，包含信用貸款、房貸增貸、融資買股、股票質押等，這些來源不僅提供了資本的靈活運用，還能夠根據投資人的風險承受能力和資金需求進行靈活配置。以下章節將分別論述。

信用貸款即以個人的信用作為擔保，向銀行申請貸款，其優點是可以快速獲得資金，並不需要提供額外的擔保品，因此成為許多投資人常用的槓桿工具之一。

影響信貸利率的 6 關鍵

不論是何種貸款,最優先考慮的一定是利率,以投資的角度來看,貸款利率直接影響到最終的投資報酬率,故需要仔細評估。影響信用貸款利率的因素很多,包含了以下 6 點:

1. 個人信用評分

信用評分越高,代表借款人的信用風險越低,銀行能給予的利率也有機會較低;相反地,當信用評分較低時,就會面臨到較高的利率。提升信用評分的方法包含:

- 按時支付信用卡帳單等貸款項目,避免逾期或拖欠:不繳最低應繳金額,而是全額激清帳單;不使用預借現金功能;不動用到循環利息。
- 控制每月刷卡額度:占信用卡額度的 30%～50% 以下。
- 維持已開通之信用卡:不要任意剪卡或停用信用卡,建立長期信用記錄對信用評分有正面的影響。
- 不幫人作保:擔任保證人的資訊會明確記錄在聯徵報告裡,如果借款人還款狀況不理想,曾經遲繳的話,也會影響到自己的信用評分被扣分。
- 不要密集地申請貸款/信用卡:短時間內申請信用卡與

申請貸款的次數太頻繁,銀行會對借款人有信用過度擴張的疑慮,而影響到評分,不論是信用卡申請或是貸款申請,銀行都會向聯徵中心查詢信用報告,查詢紀錄3個月內最好不要超過3次。

2. 負債收支比例

金管會針對金融機構對於借款人之無擔保債務(信用貸款),總額不宜超過平均月收入的22倍,但實際上能借到的金額則因每個人的月負債收支比(每月需償還的負債÷平均月收入×100%)不同而有所差異。當月負債收支比越高,會導致信用評分降低,此情況對於銀行而言,風險也跟著提高,進而影響到放貸的意願與利率。

一般而言,月負債收支比小於40%屬於銀行評估的安全範圍。假設平均月收入為6萬元,那麼其他貸款、信用卡欠款與房貸等貸款,就不宜超過2.4萬元。

3. 經濟環境

整體經濟環境也是影響利率的關鍵因素之一。在經濟繁榮期,利率可能較高,而在經濟衰退期,利率可能會降低,此外,央行的貨幣政策,如基準利率的調整,也會直接影響市場上的貸款利率,一般信貸的利率為定儲利率指數(季)+加碼利率。

> **小教室**
> 定儲利率指數（季）：是一個基準利率，由中央銀行統計、每季公布一次，根據定存與儲蓄存款利率的加權平均計算。
> 加碼利率：是銀行依照你的信用條件、還款能力、職業等風險自行加上的利率，每家銀行加碼幅度不同，也因人而異。

4. 貸款方案是否有綁約

銀行評估借款人的條件並審核放款金額，都需要花時間與人力成本，銀行不希望你太快就把借款還完，否則難以回收成本，為此，銀行常設計綁約期（例如 1 年或 1.5 年），這類貸款通常能有相對低的借貸利率。

5. 穩定的現金流

對一般上班族而言，就是穩定的薪轉紀錄，這代表每個月能穩定地還錢，降低銀行的風險，也有助於降低放款的利率。

6. 公司的規模

在上市櫃公司上班，且有一定的年資（例如 1 年以上），也有機會談到較低的利率。是否有穩定的薪資除了視個人的工作定性，還需要公司穩定的獲利，上市櫃公司的財報與內控內稽制度都已通過一定的審核，較不會有發不出薪水的情況，故銀行放款相對安心，也有助於降低利率。

7 行為恐會讓信用破產

信用評分是財團法人金融聯合徵信中心，依據個人與金融機構的借貸資料、信用卡資料與票信資料等資訊計算得出，個人的綜合信用報告中會有詳細的明細，其中評分還參考了個人的繳款行為、負債程度、負債型態、信用歷史長度，以及新貸款申請次數等指標，信用分數是用來預測個人未來履行還款義務的可能性。

而存款、資產、年齡、教育程度、有無自用住宅、職業、服務年資、年薪、性別、財產所得、勞保、證券商授信資訊等資料均未納入評分。信用評分分數介於 200～800 分，分數越高表示信用越好，信用評分約每 3 個月左右會更新一次，各級分數及其代表意義如下：

- 700 分以上：表示信用良好，分數越高申請貸款與貸款條件都比較有優勢。
- 600～700 分：已符合銀行貸款的基本門檻，基本上貸款要過件並不難。
- 350～500 分：信用有些瑕疵，貸款過件較困難，利率條件也不佳。

- 200～350 分：信用異常或不良，幾乎無法貸款。

除此之外，若信用資料不足、信用不良或信用資料有爭議，也可能顯示出暫時無法評分。那麼，有哪些行為會造成信用評分降低呢？

1. 信用卡或貸款未按時繳款

借款應按約定時間還款，若逾期，銀行不僅會提醒繳款，還可能將遲繳記錄通報至聯徵中心，影響個人信用評分。當有遲繳的紀錄，消除時間為自清償日起 12 個月。

2. 負債持續增加

按時繳清貸款和信用卡應讓負債逐月減少。但如果未依約還款或頻繁申請貸款，負債不減反增，會導致信用分數下降。

3. 授信額度未減少

聯徵中心會關注個人貸款餘額是否有持續下降。若 12 個月內負債未見減少（如新增債務所致），將對信用評分不利。若信用貸款近期有增貸，需要等撥款日起 6 個月後才可消除紀錄。

4. 信用卡額度使用過高

若信用卡消費額接近可用額度（如額度 10 萬元，經常使

用 8 萬～9 萬元），容易被認為有財務風險，導致信用分數扣分。當信用卡使用額度達 90% 以上，可能會被註記，而紀錄消除時間為 3～6 個月。

5. 動用信用卡循環利息

信用卡應全額繳清，若僅繳最低應繳金額，其餘未繳部分會產生循環利息，動用次數和金額越多，扣分越重。若使用信用卡循環利息，紀錄消除時間為自結帳日起 12 個月。

6. 預借現金

使用信用卡預借現金雖方便，但被視為財務壓力的跡象，對信用分數有明顯影響。其紀錄消除時間為自使用日起 12 個月。

7. 短期內多次申請貸款

短期內向多家銀行申請貸款，會增加聯徵查詢記錄（聯徵多查），這種行為容易被解讀為財務狀況緊張，導致信用評分降低（銀行可看到前 3 個月的紀錄）。

個人的信用評分查詢有很多種方式，包含了線上聯徵網站申請、手機 TWID（身分識別中心）App 申請、聯徵中心臨櫃申請與郵局或郵寄申請，有興趣的讀者可試著查詢自己的信用評分。

▌重視信用是財務管理的核心

　　信用在現代金融生活中扮演著極為重要的角色，我們應該要重視它，把它刻在我們的 DNA 裡。其實在人與人之間的相處，守信用原本就是一件重要且基本的事，有了信用之後，彼此才能建立信任，也才有後續長期且愉快的合作，若其中一方不守信用，過去建立再堅固的信任也將在一夕間瓦解。

　　在與銀行和金融機構打交道時亦相同，信用不僅影響到貸款的取得、條件，還會對其他財務決策產生深遠影響。

　　信用是指個人在財務交易中履行還款承諾的能力與意願。金融機構通常會根據個人的信用紀錄、還款歷史及負債比例等資訊，評估其信用風險，信用良好的人能更容易獲得貸款與較低的利率；反之，信用不佳則可能被拒貸或支付更高的利率。

　　信用對貸款的影響包含了買房貸款、信用貸款與信用卡的使用等，良好的信用對個人財務的靈活性有很大的幫助，讓人可以在對應突發的財務需求，資金調度可以比較不受阻礙。信用不良對於某些職業（金融行業、政府部門）的發展也會有所影響，此外，保險公司會參考個人的信用紀錄來決定保費，信用不佳會增加日常生活中的財務壓力與限制。

所以維持良好的信用紀錄能夠讓人更輕鬆地享受金融服務，獲得更多機會，降低財務成本，同時，良好的信用也是一種信譽的體現，讓人能在各方面都受益。因此，現代人應注重信用的維護，將其視為財務管理的一項核心要素。

Note

2-4 房貸

最能放大資產的長期槓桿

透過「寬限期」與「轉增貸」可靈活調度資金，投入高報酬標的，提升資金效率。然而，槓桿雖可創造利差收益，卻也潛藏利率變動、房價下跌與債務擴張等風險，應依收入穩定性與市場狀況審慎操作。

買房是許多人人生中的重大決定，大多數人會申請房貸來降低一次性資金壓力，而房貸本身就是一種槓桿操作，讓你能用較少的自備款，撬動一間高價資產的財務工具。

▍善用房貸槓桿累積資金

在房貸中，「寬限期」指的是在一定的期間內，僅需繳交利息、不還本金，而「轉增貸」則是在房貸期間將原貸款重新

估值並拉高成數，提取多餘資金再利用。對於已買房的朋友，使用寬限期與轉增貸的優點包含以下 4 點：

1. 降低短期還款壓力，提升現金流靈活性

在寬限期內，借款人只需支付貸款利息，而不用還本金，這大幅降低了每月的支出，讓財務壓力減輕。

這對於剛買房、資金較吃緊的投資人來說，是一種讓財務更具彈性的方式，可以將資金挪用到其他高效益的投資項目，而非過早鎖死在房貸的本金償還上。

2. 資金有效運用，提升投資報酬

若投資人已建立穩定的獲利模式，例如透過股市或固定收益投資來產生現金流，那麼寬限期內省下的本金支出可被重新投入市場，獲取更高的報酬率。

假設貸款利率為 2%～3%，而投資報酬率可達 6%～8%，則這樣的資金配置將能有效提高整體投資績效。

3. 房產增值後，可透過轉增貸進一步槓桿

若房地產市場上行，房產價值上升，投資人可以選擇將房貸轉增貸到其他銀行，獲取更高額度的貸款（基於房產升值的估價）。

這樣的策略可以再度進行資金釋放，讓投資人能夠持續利用房貸資金來進行財務槓桿操作，而非過早將資金鎖死在房貸本金的償還上。

4. 利用通膨效應減少負債的「實值」

當借款利率相對較低，而通貨膨脹率較高時，現金與負債的「實值」會同時縮水，這意味著未來償還的貸款本金，其購買力將比當前更低。

這也是許多投資人願意持續維持一定槓桿的原因，因為長期而言，負債的實質成本會隨著通膨而下降。

關於使用寬限期是否是聰明的選擇，這其實取決於房貸利率與投資報酬率之間的利差。的確，有些人認為寬限期只是延後還本金，導致整體利息支出增加，最終還給銀行的錢變多，這在數學上確實成立，但若從財務槓桿與資金效率的角度來看，寬限期並非單純「縮利息」這麼簡單，而是能夠靈活運用資金，甚至透過利差獲利。

如果房貸利率2%～3%，而投資報酬率6%～8%，那麼即便房貸本金沒有下降，但透過寬限期釋放的現金流進行投資，仍然能賺取3%～5%的額外收益，這就是所謂的利差。

假設貸款額度 500 萬元、房貸利率 2%、貸款年數 20 年：

- 使用寬限期：寬限期內每月還款金額（僅利息）：500 萬元×2%÷12＝8,333元
- 不使用寬限期：每月還款金額：25,294 元

若選擇寬限期，前 5 年每月省下本金支出：25,294－8,333＝16,961 元，將這筆錢投入年化 7% 的股票市場，5 年累積約 121 萬元，即使這 5 年內都未還本金，但資產已經成長，累積了額外的財富，相比單純還本金，寬限期反而讓資金效率提高（見圖表 2-4-1）。

這樣的策略等於是在利用低利率貸款來創造更高的投資報酬，只要投資報酬率持續高於房貸利率，就能讓財富增長的速度快於貸款的負擔。

圖表 2-4-1 是否使用寬限期策略試算

策略	每月現金流	累積 5 年後的結果
正常還款（無使用寬限期）	25,294 元本息支出	償還本金，使之逐步下降，但無額外資金投資
使用寬限期＋投資	8,333 元利息支出＋16,961 元投資	累積資產 1,214,287 元，其中 196,627 元為投資獲利

寬限期與轉增貸的風險

不過，寬限期與轉增貸雖然能靈活運用資金、放大槓桿，背後也潛藏風險。因此，使用這些槓桿工具前，一定要保留足夠的還款能力與風險緩衝，別讓財務策略變成壓力來源，以下是 4 個要注意的風險：

1. 總債務不斷增加，未來還款壓力加大

承上例，寬限期結束後，貸款本金仍然存在，並且每月還款將會增加，如果收入或投資回報不如預期，可能會面臨更大的財務壓力。以上述例子而言，使用 5 年的寬限期後，第 6 年開始，每月的還款金額為 32,175 元，會比沒有使用寬限期的 25,294 元多出 6,881 元。

此外，轉增貸雖然是增加投資資金的方式之一，但風險是會讓貸款總額進一步提高，若投資人沒有做好資金規劃，可能會使未來的債務負擔變得難以承受。

2. 房市若出現下行風險，房產價值可能縮水

雖然在台灣房地產是相對保值與增值的資產，但房地產市場並非永遠上漲，若市場進入下行週期，房屋價值下降，那麼持續進行轉增貸的策略可能會變得風險極高。

特別是政府為了抑制房市過熱，央行在 2024 年 9 月祭出了所謂的「第 7 波選擇性信用管制」，也被稱為打炒房政策，其中包含了購置高價住宅貸款，貸款條件為 3 成且無寬限期；名下有房者，第一戶購屋貸款無寬限期；第二戶購屋貸款全國 5 成且無寬限期；第三戶購屋貸款 3 成且無寬限期。

台灣經濟研究院指出，2024 年 10 月六都建物買賣移轉件數月增率為 –12.8%，跌幅呈現擴大的局面，反映整體房市買氣仍較為低迷，主要就是因央行理監事會議宣布實施第 7 波選擇性信用管制，擴及族群眾多，且房貸審核趨嚴、利率拉高、成數降低、排隊等撥款狀況頻傳，代表銀行限縮房貸讓消費者購屋態度轉為謹慎，連帶影響到房市交易持續維持降溫趨勢。

展望未來不動產業景氣將持續謹慎視之，主要是房貸緊縮與信用管制衝擊，已扭轉市場對於房價上漲預期，且銀行放款緊縮使多數消費者購屋態度轉趨觀望，恐需等待銀行放款開始放寬、成數及利率回歸到消費者可負擔能力範圍內，購屋族群方能轉趨積極。

若房價下跌，而貸款金額仍在增加，可能導致房貸餘額超過房屋市值，形成「負資產」，進而影響財務靈活性與銀行貸款條件。

3. 增加財務槓桿，影響長期財務自由度

透過不斷轉增貸，雖然短期內可以釋放資金，但也意味著持續處於高槓桿狀態，這可能會讓投資人陷入長期的負債週期，無法真正達到財務自由。槓桿的倍數還是要隨著年紀與收入的變化而改變，以降低風險。

一旦經濟環境改變，例如升息、投資回報降低、工作收入不穩，可能會讓原本的財務規劃變得不可行，進而影響整體財務穩健性。

4. 轉增貸與銀行政策風險

轉增貸的成功與否取決於銀行的貸款政策，一旦市場環境變差、銀行收緊貸款條件，可能會讓轉增貸變得困難，甚至無法再延長寬限期。如果到時候仍有高額貸款未償還，且沒有其他資金來源，投資人可能會面臨資金鏈斷裂的風險。

房貸策略適合哪些人？

寬限期與轉增貸這兩種策略適合具備穩定收入來源、資產流動性高，且能夠有效利用槓桿進行投資的投資人。例如：有穩定的本業收入，能夠確保還款無虞；具備穩健的投資策略，能產生優於貸款利率的報酬；資產配置靈活，能應對市場變化。

但以下情況則需謹慎使用槓桿：

- 工作收入不穩定→未來還款能力可能受到影響。
- 投資回報不確定→若投資績效不如預期，將面臨額外的財務壓力。
- 房市處於高點時進行轉增貸→若市場下跌，可能會導致房價低於貸款餘額，變成負資產。

短期內財務規劃清晰的人可以適當使用寬限期來提高現金流運用效率，但應提前準備資金以應對寬限期結束後的還款需求；轉增貸可作為槓桿投資的手段，但需謹慎規劃，不宜無限制地增加貸款額度，應根據市場變化動態調整策略。確保擁有其他資產流動性，避免過度依賴單一資產來支撐財務槓桿。

圖表 2-4-2 **誰適合房貸槓桿策略？**

適合	不適合
有穩定的本業收入	工作收入不穩定
具備穩健的投資策略	投資報酬不確定
資產配置靈活	房市處於高點時進行房貸策略
短期內財務規劃清晰	過度依賴單一資產槓桿
有規劃地使用房貸策略	無節制地增加貸款額度

寬限期與轉增貸是一種「以時間換取財務靈活度」的槓桿策略，但是否有效取決於個人財務穩定性、投資報酬率與市場環境。

若能夠合理規劃、穩健運用，確實能夠幫助投資人提高資金使用效率，最大化財務增值，但如果過度槓桿，或在市場環境不佳時使用這些策略，則可能讓自己陷入長期債務負擔甚至財務危機。因此，槓桿的使用應該是可控的，而非無限制的，才能真正讓這些策略發揮價值，為投資人帶來長期穩健的財務成長。

Note

2-5

融資

用股票作擔保擴大投資部位

融資是放大報酬的槓桿工具，但當市場過熱、融資餘額暴增，反而可能引爆風險。透過觀察融資增減幅度，可掌握市場情緒與短線止跌訊號，控制槓桿比例、重視風險管理，才能在市場波動中活得長久。

融資是投資人運用槓桿最直接的方式之一，透過券商借錢買股，當看對行情，報酬可加倍放大；但若股價反向下跌，資產價值縮水，還可能面臨追繳保證金甚至斷頭風險。

▌融資餘額成長速度太快 小心樂極生悲

當股票市場處於多頭走勢時，單日成交量會明顯放大，這是因為有更多人願意參與交易，且操作變得更加積極，短線交

易也變得活躍，甚至一些平時對股票不感興趣的人也開始關注市場，討論應該買哪些個股。隨著股價上漲，成交量進一步推升，市場逐漸繁榮。

然而，當市場過熱時，投資人會發現不同類股的股票，不論基本面如何，都容易上漲，此時也會出現許多「少年股神」或「某某王」的稱號。雖然身邊可能有「看對重押、身家翻倍」的故事，但對於大多數投資人來說，並不合適重押策略，因為股價波動會影響心態，導致最終可能是賠錢或僅小賺出場，很難真的複製一夜致富的故事。因此，市場過熱時應抱持謹慎態度。

在市場過熱的階段，可以透過觀察「融資餘額」的增減來了解市場情緒。當融資餘額隨著大盤指數緩慢上升時，這通常反映了資金流入和投資人信心的提升，不代表壞事，融資的資金並非全由散戶建構而成，當中也存在著大戶的影子。

然而，當融資餘額的增長速度超過大盤的漲幅時，這可能意味著市場情緒過於樂觀。當看到市場上的投資人都在加大槓桿時，雖然股市派對熱烈、雖然在風口上的豬都會飛、雖然此時可能是獲利相對快的時候，但還是要時時提醒自己把風險放在獲利前面，少賺總比大賠好，維持適度的槓桿，才能讓自己長久待在市場裡，享受資產的增幅。

在極度樂觀的市場中,股價頻繁創新高,許多投資人會變得自信,跟風追高賺取利潤,忽視潛在風險。即使股價今天下跌,他們也相信明後天會漲回來,進而更有意願使用融資放大獲利。

然而,這其實是多頭市場中的一個警訊。當過多槓桿資金入市後,一旦市場反轉,融資買進的投資人,特別是槓桿比例較高者,將面臨維持率不足的問題,可能會被迫停損或斷頭賣出股票,進而引發「多殺多」現象。這種情況下,股價進一步下跌,更多投資人會因虧損被迫平倉,形成惡性循環,最終加大市場風險。

使用融資買進個股,其融資維持率＝股票市值 ÷ 融資金額,此處的維持率是指「整戶」維持率,即將所有融資買進的股票一併計算,而非看單一個股。

提升維整戶持率的方法包含以下 5 點:

> **小教室**
>
> 維持率:常見於融資交易,等於「股票市值」除以「融資金額」,指投資人維持倉位所需的最低資金比率。當投資人用融資買股或融券賣出股票時,證券公司會規定最低維持率,通常是 130%。

1. **償還部分融資金額**：需要致電給營業員，確認還款的證券交割專戶，將款項存入專戶後，再告知營業員，減少借貸的部位以提升維持率。
2. **融資分散買進標的**：類股輪動，不論是輪流漲或是輪流跌都是很常見的事，若將投資標的適度的分散於不同產業，也能讓整戶的融資維持率處於相對低波動的狀態。
3. **賣出維持率較低的個股**：將維持率較低的個股售出，認賠停損該檔個股，來提升整體維持率。
4. **將融資買進轉換成現股買進**：若現金部位許可的話，可以詢問營業員需補足多少金額至指定帳戶，才可以將融資買進轉成現股買進。
5. **新增信用部位**：持續用融資買進新的部位，來提升整戶維持率，也就是拗單的意思，風險相對大，投資人應謹慎思考。

台股自 2022 年 10 月從 12,629 點起漲，到 2024 年 7 月達到 24,416 點，這波上漲行情顯著提升了市場的投資熱情。融資餘額也隨之從 1,500 多億元增至 3,400 多億元，使用融資的投資人成功將自己的獲利放大至約 2.5 倍，成為市場中的大贏家（見圖表 2-5-1）。

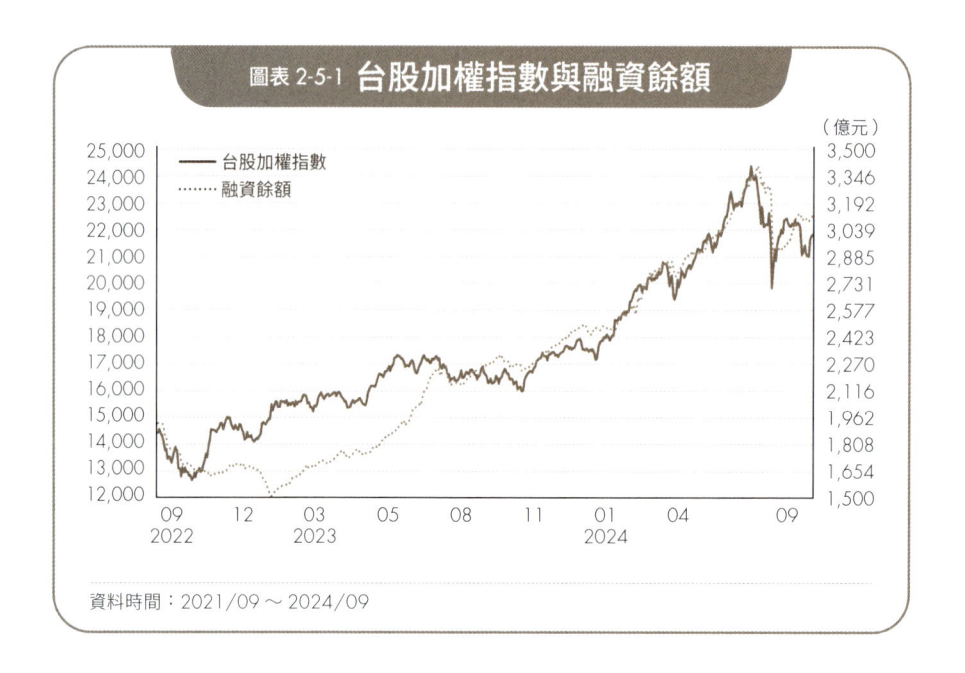

圖表 2-5-1 台股加權指數與融資餘額

資料時間：2021/09～2024/09

然而，並非每一位使用融資的投資人都能「相對安全」地放大獲利，特別是槓桿倍數較高的投資人，或是在台股 20,000 點以上才開始大量使用槓桿的投資人，承擔了相對更高的風險。

在 2024 年的 8 月 2 日至 8 月 6 日，3 個交易日中，融資分別減少了 33.4 億元、183 億元與 163 億元，有許多高槓桿的投資人，在股市下跌 2,000 多點的過程中，被迫停損。

對於指數而言，3 天內跌了約 10%（22,642 → 20,501），其實整體還在相對高位階，但卻有人因此而受了重傷，這就是

高槓桿的風險。

市場上有多種槓桿操作工具，例如信貸、房貸增貸、股票質押與融資等，融資只是其中之一，並不能完全代表所有槓桿資金的使用情況。然而，透過觀察融資餘額的趨勢，我們可以大致了解市場上槓桿資金的走向與作為是否過熱的參考。

槓桿資金的增加在多頭市場中能放大收益，但也可能在市場反轉時加劇風險，因此在槓桿操作中，風險控制尤為重要。

從融資餘額觀察短線止跌訊號

一般而言，出現大幅度的融資降幅通常被視為短線止跌的訊號，主要基於以下 2 個原因：

1. 槓桿資金的快速出清

融資降幅代表市場中使用槓桿操作的投資人，因股價下跌或市場風險增加而被迫平倉或主動降低倉位。當融資餘額大幅下降時，許多槓桿交易人已經被迫賣出股票，這種去槓桿過程釋放了市場中的賣壓。一旦賣壓充分釋放，市場的下行壓力減輕，反而有助於股價止穩。

以台股而言，融資要單日減少 100 億元以上的機率不高，

從 2022 的 9 月到 2024 的 9 月，2 年內僅 2 個交易日，分別是 2024 年 8 月 5 日與 6 日，單日融資減少 100 億元以上。雖機率低，但並不表示不會發生，當我們有槓桿的部位在市場上，應隨時做好準備以應對可能出現的黑天鵝事件。

2. 恐慌情緒釋放

大幅度的融資降幅通常發生在市場恐慌情緒濃厚的階段，當投資人集體出現恐慌性拋售時，股市的跌幅往往過度。這種過度反應後，隨著融資資金的快速出清，市場恐慌情緒逐漸消退，個股的股價低於該有的價值，投資人開始重新評估風險，進而止跌反彈。

此外，觀察股票市場恐慌情緒的高低，可以透過當天交易的跌停家數來判斷，2024 年 8 月 5 日台股終場收盤下跌 1,807 點，跌幅高達 8.35%，上市及上櫃跌停家數合計高達 796 檔，表示多數的投資人想出清手中的股票仍無法成交。根據過往的經驗，當市場上有不計代價拋售股票的行為出現，一般就是離波段的低點不遠了。

當融資降幅明顯且股市回落至相對低位時，股價與月均線或季均線的負乖離率過大，部分資金會認為市場下跌過度，並開始尋求逢低買進的機會。這些資金有助於市場止跌回升。

> **小教室**
>
> 乖離率：是用來衡量股價偏離均線的程度與方向，價格在移動平均線之上，稱為正乖離率，價格在移動平均線之下，稱為負乖離率，通常以百分比表示。負乖離率通常意味著市場可能處於超賣狀態，接下來可能出現反彈或上漲機會。

市場雖會因上述原因出現短期止跌的訊號，然而，這種情況通常只是短期現象，是否能形成更長期的反彈，還需要觀察後續市場基本面和資金面的變化。

當我看到融資餘額的增幅加速時，頭腦中就會出現警訊，這種警訊不是停止買入股票、也不是出清持股，而是降低買入股票的頻率並停止拉高槓桿倍數，以因應恐慌帶來的下殺。對於長期持有的投資人，當市場下跌有感時，若手中還有可以動用的資金，不論在心態上或是在降低持股成本上，都是很有幫助的。

多數的時間，我手頭上的現金水位不到 1 成，我認為投資一定要找到一種，可以讓自己安心將可用資金無保留投入的配置，才能有效地發揮運用資金的效率。舉例來說，投入 100 萬元賺 5%，獲利金額是 5 萬元，投入 10 萬元賺 50%，獲利金額也是 5 萬元，這也就是我們常聽到的「本大利小，利不

小」，即投入大量本金的情況下，即使獲利的比例不高，實際上的獲利金額仍然不小。

雖然都是獲利5萬元，但報酬率5%與50%的背後，是冒著可能虧損5%與50%的風險。當虧損5%時，只需要重新獲得5.27%的報酬率，即可達到原有的本金；但當虧損50%時，則需要100%的報酬率，才有辦法回到原點。所以多數人要想安全或長久在市場裡活著，要思考獲利必須是建立在高本金，而並非高報酬。

Note

2-6
股票質押
以持股申請抵押借款

質押操作關鍵在於維持率，應保留風險緩衝，避免被追繳或斷頭。穩健策略包括分散投資與保留現金流，避免盲目追漲、開高槓桿，才能長期穩健增值。

透過股票質押來加速財富的累積，這個方法越來越熱門，特別是在台股上2萬點後，很多投資人都開始有FOMO的情緒，開始覺得沒有開槓桿就是「虧到」。

「適當」使用槓桿工具，對於財富的累積一定有其幫助，但別忘了槓桿是一體兩面的，不能都只看到自己想看到的，而忽略它的風險。

股票質押該如何操作？

「股票質押」是指將自己持有的股票作為擔保品，向券商或銀行進行借款（大致流程見圖表 2-6-1）。在開辦此功能後，多數的券商已可以透過 App 進行線上操作，在質押期間，不會影響到投資人的股東權益，亦可參與配息與配股。而個人本身的條件為年滿 20 歲且已開立普通帳戶，並檢附所得與財產證明相關文件。

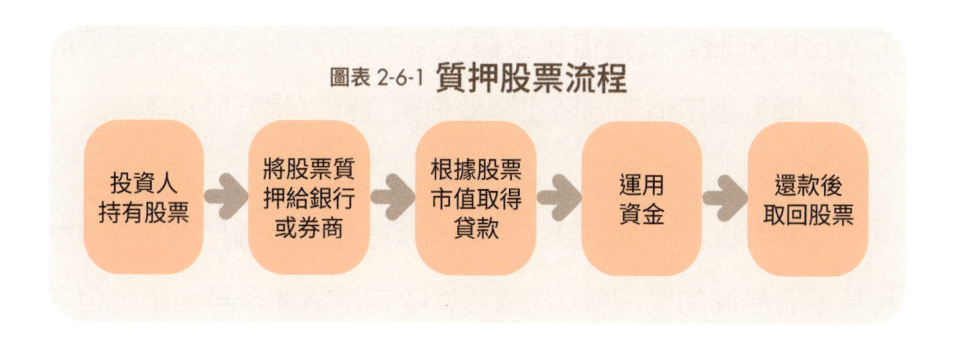

圖表 2-6-1 質押股票流程

投資人持有股票 → 將股票質押給銀行或券商 → 根據股票市值取得貸款 → 運用資金 → 還款後取回股票

質押的貸款額度通常以股票市值的 60% 為限，實際上能借貸的金額與質押的維持率都會隨著每一個交易日變動。質押的維持率是這項工具相當重要的指標，其計算方式為（已抵押股票市值 ÷ 已申請貸款 ×100%），當維持率低於 130%，就會被通知補繳保證金或再追加抵押股票來提升維持率，若沒

有在規定期限內提升維持率，抵押在券商或銀行的股票就會被強制賣出，投資人也會因此受到一定程度的資產減損。若要提升股票質押的借貸維持率，方法有以下 3 項：

1. **押入更多的股票**：提高整體的股票市值以提升維持率。
2. **現金償還部分借貸金額**：多數的券商可以透過 App 直接輸入還款金額並試算還款後的維持率，降低借貸金額以提升維持率。
3. **賣出部分股票償還借貸金額**：盤中直接賣出部分的質押股票，降低總市值的同時也降低借貸金額以提升維持率。

與信用貸款不同的是，使用股票抵押，每個月僅需要償還利息，而券商的質押每 18 個月就要先還清才能再借出，但各券商有其展延的方式。所以在券商質押即將滿期之前，要先與券商確定展延或「借新還舊」的方式如何進行，通常有 2 種方式：(1)維持率在 167% 以上，直接申請展延即可，不需要實際借出與還款；(2)維持率需要有可動用的餘額，再使用此餘額借出來償還舊的貸款。

例如，一開始質押 100 萬元市值的股票，借出 60 萬元，

此時的維持率是 166.67%，經過 18 個月後，假設股票市值來到 120 萬元，那麼，借款最大金額可以來到 72 萬元，投資人可再借出 12 萬元，並用這筆資金來償還原先的 60 萬元貸款中的一部分，若股價持續上漲，重複此操作約 5 次，即可在不動用自有資金的前提下，完成還款。

假設 18 個月後的股票市值剩 80 萬元，維持率僅剩 133.33%，雖尚未達被迫執行清倉賣股（維持率＜130%），但也沒有「可動用餘額」來借新還舊，那麼就需要補入質押股票或實際還款來提升維持率。所以在質押前要先確認到期的作業方式，以免最終產生被迫賣股的情況發生。

舉例來說，抵押市值 100 萬元的股票，約可以借出 60 萬元的資金，那麼此時的借貸維持率就是 166.67%（100 萬元÷60 萬元 ×100%），當股票市值漲、跌幅 2 成時，市值變成 120 萬元與 80 萬元，借貸維持率分別是 200%（120 萬÷60 萬 ×100%）與 133.33%（80 萬 ÷60 萬 ×100%）。

這說明了，當股票市值由 100 萬元漲到 120 萬元，投資人原本只能借出 60 萬元，在不用追加抵押品的情況下，就能再多借出 12 萬元（120 萬元 ×60% － 60 萬元），此時維持率就又從 200% 降回 166.67%，這就是資產增值的威力。

但因股市的變化無常，為了保守起見，維持率盡量維持有200%以上，遇到大盤回檔修正，心裡壓力才不會太大，如果質押的組合越集中，日常的維持率就越應該向上拉。

有些較積極的投資人會把借出來的60萬元買好股票後，再度抵押給券商，然後就能再拿到60萬元的6成資金36萬元，反覆質押來擴大槓桿倍數，這樣的手法在股市多頭時的確再次加速了資產的累積，但別忘了，能加速資產累積的背後，也代表了加速資產減損，開槓桿的前提還是要時時刻刻提醒自己，怎麼做才不會讓自己陷入極大的深淵。

股票的槓桿倍數試算：

本金100萬元的股票市值，借貸60萬元（一次質押）買入股票，股票市值160萬元除以本金100萬元，槓桿倍數＝1.6倍。

本金100萬元，借貸60萬元買入股票進行質押（一次質押）＋36萬元買入股票進行質押（二次質押），股票市值共196萬元除以本金100萬元，槓桿倍數＝1.96倍。

（接下頁▼）

> 本金 100 萬元，借貸 60 萬元買入股票進行質押（一次質押）＋ 36 萬元買入股票進行質押（二次質押）＋ 21.6 萬元買入股票進行質押（三次質押），股票市值 217.6 萬元除以本金 100 萬元，槓桿倍數約 2.2 倍。

從以上試算來看，槓桿 2.2 倍的意思就是當股票市值波動 20%，本金的波動會來到 44%，也就是原本 100 萬元的本金，加上 2.2 倍槓桿。當股票上漲 25% 時，股票市值來到 272 萬元（217.6 萬元×1.25），淨資產來到 154.4 萬元（272 萬元－117.6 萬元借貸）；而回檔修正 25% 時，市值為 163.2 萬元（217.6 萬元×0.75），淨資產剩餘 45.6 萬元（163.2 萬元－117.6 萬元借貸）。

在股市投資中，回檔 25% 並不罕見，投資人還是要審慎思考槓桿的倍數。以上述例子來看，當市值來到 163.2 萬元除以借貸金額 117.6 萬元，維持率約為 138.7%，已接近法定的最低維持率 130%，當低於 130% 時就會被券商發出追繳通知，強制要求投資人在 2 個營業日內補足，才能避免後續股票斷頭的情況。

▎掌控風險 做好相對安全的質押

質押的重點就是維持率，除了要預留回檔的空間、不要借好借滿，透過質押標的與投資組合，來減少股市回檔時維持率的大幅下降，也是一大關鍵。

以我自己為例，我喜歡買個股，但為了分散風險，我偏好分散式的投資組合，如此能有效降低市值的波動，也就能在股市大幅修正時，避免維持率跟著大幅下降而發生被追繳保證金的情況。透過持有不同產業的好公司，不僅在台股上 2 萬點時還可以買到相對低基期的個股，同時也能參與市場資金正在流入、受到青睞的熱門標的。

2024 年美國升息的末端，有機會進入降息的週期，將投資組合加入部分債券 ETF，也是個不錯的選項，可以用來保護股票回檔時的市值大幅回落，例如台股 2024 年 7 月 11 日收盤來到 24,390 點，接著進行了一波 4,560 點的回檔，8 月 5 日收盤來到 19,830 點，大盤跌幅約 18.7%，很多個股早已跌超過 25% 以上，這也說明集中標的質押，需要保持相對高的維持率。

例如我的投資組合中，其中 3 檔熱門個股的跌幅都接近甚至超過 20%，但配置的幾檔債券 ETF 在這段期間則產生了不錯的保護作用（見圖表 2-6-2）。

圖表 2-6-2 分散投資組合 回檔時能產生保護作用 （單位：元）

代號	標的	7/11 收盤價	8/5 收盤價	漲跌幅
00772B	中信高評級公司債	36.09	37.26	＋3.2%
00679B	元大美債20年	29.86	32.2	＋7.8%
00773B	中信優先金融債	37.6	38.79	＋1.3%
00764B	群益25年美債	31.19	33.54	＋7.5%
2308	台達電	434	351	－19.1%
2330	台積電	1,080	815	－24.5%
2382	廣達	332.5	239.5	－28%

資料時間：2024年

債券 ETF 對我而言是降低資產波動與維持率波動所配置的一環，當股票強勢上漲時，它也有可能是拖累績效的一部分，是否配置或配置占總資產的比例沒有標準答案，依每個人的投資屬性來調配占比，我目前約占投資金額的 15%～20%。

不是每一檔個股都可以進行質押，一般設定為擔保品的條件是可以融資融券的標的。所謂的「融資」指的是投資人可以從證券公司借入部分的資金，來購買股票，而所購買的股票也被視為抵押物；「融券」則是向券商借股票，拿到市場上賣出（做空），待股票下跌，再買回來還給券商，賺取中間的價差。

但並非所有的個股都能使用融資融券，在有價證券融資融券標準的規範中提及：會考量到設定登記年數、實收資本額、獲利能力、每股淨值在票面上、股價波動度、股權集中度、成交量過度異常等項目。

這也意味著用來抵押的擔保品的獲利能力、市值與交易量都是需要被考量的，**建議使用質押這項工具時，搭配中長期以上的投資策略，才會比較保險**，因為股票在短期間的走勢是很難預期的，短線上考驗投資人的是市場的情緒、籌碼與題材等不確定因素，但長線上來看，抱緊好公司的利潤，要超過質押的利息 3% 左右，是相對有機會的。

質押不是要跟風追漲 而是「持續買進」

質押借貸的額度是以股票的前一營業日收盤價格計算，所以額度與維持率會因每日擔保股票的市值變化而增減。

當台股在相對高位階時，例如從 2023～2024 上半年，多數個股都在走多頭行情，能抵押出來的額度也跟著水漲船高，此時如果沒有預留現金或是足夠高的維持率，當行情出現修正，市場容易出現多殺多的現象，即槓桿買進的人接續被迫停損出場，而出現恐慌性的下跌。對於長期持有的投資人而

言，這時是分批買進的時候，不該出現被強制賣出的情況。

還有一個要注意的點是，台股從 2022 年 10 月 12,629 起漲，到 2024 年的 7 月 11 日來到歷史高點 24,416，股市在跌的時候，多數人會出現悲觀的情緒，認為還沒有跌完，所以不敢買進，更何況這時敢使用借貸資金買入的人少之又少；相反地，股市突破 2 萬點後，市場開始大量出現「槓桿投資才賺得快」的言論，這其實也是一種警訊，當周圍原本對投資一點都不感興趣的朋友，不僅開始頻繁討論著股票，而且還開始想要借錢投資時，往往都是市場過度樂觀的徵兆。

2024 年的 6 月、7 月就有這種感覺，雖然不是說有這種現象就代表著要崩盤了，但多數人都樂觀時，就要保持警戒，不用做空，但要注意自己的槓桿倍數。**槓桿投資是有規劃後照著自己的步調執行，而不是跟風等市場熱度夠了，想要跟著快速賺錢才想到要加槓桿。**

我認為只要照著自己買股的步調，質押並不一定要選或是要等什麼時機，在不追高的紀律下，保有「持續買進」的信念，因為不同類股中，一定可以找到低位階的股票，即使大盤在 23,000、24,000 點以上也一樣。只是在多頭中仍要保有隨時轉空的準備，不要跟著市場一起 high，至少要預留質押的

整體市值跌個 30%，維持率仍夠，不會被斷頭。

以質押市值 500 萬元為例，若日常的維持率為 167%，即借出 300 萬元，當整體市值下跌 30%，500 萬元剩 350 萬元，350 萬元除以 300 萬元，維持率僅剩 117%，已跌破 130% 被券商賣出股票。

若維持率為 200%，即借出 250 萬元，當整體市值下跌 30%，350 萬元除以 250 萬元，維持率為 140%，接近被斷頭邊緣，會收到營業員的提醒與關心，但還不至於強迫賣股，故要時時提醒自己，並了解自己的維持率為多少。

借貸投資前先評估你適不適合

借貸投資之前，請務必審慎評估自身的財務狀況與風險承受能力。你可以先從以下 7 個問題檢視，判斷自己是否適合，或是該先做到哪些事後才適合進行。

1. 已有自己穩定獲利的方法

若是剛入股市的新手絕對不適合融資，槓桿是種加速器，加速獲利也加速虧損，若沒有自己的一套投資方法就貿然地開啟槓桿，那很有可能往負向發展。要想想，大家都想在市場上

賺到錢，自己的本事又是什麼呢？是選股、還是策略？光憑一股傻勁，那就只有被割韭菜的份。

2. 已有自己一定的本金

本金與適合借貸的金額息息相關，透過槓桿投資來加速資產的累積，屬於相對進階的方法，在還沒有累積到一定的本金之前，建議還是先不要使用槓桿，等透過自己本業薪資累積到一定程度後，再考慮槓桿。當本金少又無適度地將槓桿控制在安全的倍數下，很容易走到負債這條路。

3. 了解自己的個性

槓桿投資並不適合每一個人，適不適合最簡單的判別方式可以從消費習慣看出一些蛛絲馬跡。當消費一筆數萬元以上的家電或 3C 產品時，你的第一句話是否會問：「請問可以分幾期 0 利率？」

「分期 0 利率」就是一種少數不用成本的借貸，若能接受這筆款項分 12 個月再繳清，那麼就初步有適合借貸的體質，而你選擇分期不是因為當下的錢不夠，而是了解「現在的錢一定會比未來的錢還值錢」，此外，也要思考分期留下來的錢，是否有更好的去處。

我有一個朋友抱持另一種觀念：「我不喜歡欠別人錢，心

理會過意不去，總覺得不踏實。」所以他絕不刷卡分期，甚至連欠房貸都覺得難受，一賺到錢就趕快還房貸。不能說這種觀念不好，但在這個高通膨的年代，是會比較吃虧的，在能無利息或是低利息的狀態下，先把資金投入回報較高的地方，延後還款才有助於資產的增長。

但分期消費的前提是必須有自律性，不是看到任何想買的東西都抱著「先刷了再說，反正可以分12期，付起來較無痛」的想法。

4. 你是長期投資人，不是拚短線爆擊

若你的投資心態是借一筆錢出來「賭」一波短線上的爆擊，那就萬萬不可，股市短期的走勢帶有情緒、籌碼與隨機等因素，借貸已經是屬於比較積極的操作，借貸後的資金運用要盡量保守，不要高估了自己的風險承受度，很多時候遇到暴跌的當下，心態很容易招架不住而亂砍股票。

5. 了解借貸的規則，知道怎麼做自己可能會爆掉

每種借貸方式都有其規則與限制，每個月固定還款是必須的，若是使用股票質押或直接用融資買進股票，就會有維持率的問題，當維持率不足又沒有在規定時間內補錢，就會發生斷頭的情況，這種情況下投資人往往都會受到重傷。

6. 有穩健現金流

　　一般來說，本業薪資越高就有越多的每月可支配金額，若是月光族，那就不適合借貸。若是穩定每個月可以擠出閒錢 2 萬元來投資，直接買入 2 萬元的股票是一種選項，另一種選項是開槓桿投資，以年利率為 3%，每個月本金加利息還款額為 1 萬元，分 84 期還款，可以借款的額度約為 756,813 元。

　　為什麼不直接借出 1,513,626 元，月還款 2 萬剛剛好呢？借貸有它的優點，當然也有它的風險，必須保留緩衝的空間，若是台灣升息或生活上突然多出的開銷等，避免讓自己在資金的運用上措手不及而被迫賣股票。此外，雖然很現實，但不得不說，當你還是月光族，每個月沒有多餘的錢時，千萬不要借貸，借貸比較適合給已有一定的資產，要加速放大資產的投資人。

7. 明白借貸的初衷與資金用途

　　若是一開始就是以投資為目標，那麼借貸出來的資金，全數都是要拿來投資的。有些人會「比較保守」，只想要將借貸的資金投入 8 成，剩下的 2 成當成每個月還款的備用金，這其實會大幅增加投資成本，減少放大本錢的效益。

　　舉例來說，借款 100 萬元，年利率 3%，分 84 期（7 年）

還款，還款總額（本金＋利息＝ 1,000,000 ＋ 109,917）為 1,109,917 元。若只拿 80 萬元投資，剩下的 20 萬元留著補貼月還款金額，7 年後可能會做白工（見圖表 2-6-3）。

只把 80 萬元拿來投資，假設保守一點，年化報酬 5%，那麼 7 年只會多賺 15,763 元，幾乎沒有加速資產累積的效果。借貸是有成本的，若是把借貸資金閒置在身上，當成「預備還款金」的概念，是很不划算也不能這樣做的。

圖表 2-6-3 **借貸的錢不全數用來投資 有可能做白工** （單位：元）

投資金額	年化報酬率	7 年後總額	扣除還款總額（1,109,917）後的獲利
80 萬	5%	1,125,680	15,763
100 萬	5%	1,407,100	297,183

換個角度想，留在身上的借貸資金，它就是一個一直在「扣血」的商品。所以借貸之前，一定要先衡量自身的還款能力，以上例來看，月還款金額為 13,213 元，若對現金流的穩定性沒有十足的把握，可以降低借款金額，減少還款壓力，當月還款金額會造成一種壓力時，就代表已經超出自己的能力範圍了。

▌哪些股票適合質押？

　　一般而言，可以融資、融券的標的多半可以進行質押，但實際仍須依據金融機構的審核標準與質押清單為準，此外，質押涉及維持率的問題，其變動與所有質押的市值波動度息息相關，若市值下跌過快，可能會觸及補繳保證金的風險。

　　我通常買什麼股票就會押什麼股票，並不會刻意為了要質押而去買特定的標的，只要持股保持分散，質押入不同產業的個股，例如半導體產業、電腦週邊、食品產業與金融產業等進行搭配，甚至加入股票與債券 ETF，降低整體的波動性，就可以有效避免維持率在短時間內大幅下降的問題。

　　當質押的市值大漲時，不是不能再借款出來，而是適度就好，因為股市有漲就會有跌，當漲上去時，不考慮將來可能回檔的風險、一直把可動用的錢借滿，回檔時可是會膽戰心驚的。

　　質押本身就是一種開槓桿的動作，屬於比較積極型的操作，所以在選股上就需要比較保守，組合出比較小波動的持股組合配合適當的槓桿，就是我認為投資中積極與保守並重的好方法。

　　過於保守在資產增值的道路上走很慢也略顯吃虧，過於積極又容易在大波動時被掃出場，兩者該如何拿捏，要自己在投

資的過程中邊試誤邊找到平衡，然而槓桿的比例不是一個定值，隨著工作收入的增減與年紀的增長，不同時期都需要再微調。

以證券商的角度而言，主要是想賺放款的利息沒錯，但他們也不希望投資人因為維持率過低而被迫賣股還款，所以就會鼓勵投資人買大型績優股或是流動性較好的ETF來進行質押，長期下來投資人可以賺到錢，券商也能穩定地收到利息，達到雙贏的局面。一方面是體質好、有基本面的公司有一定的抗跌能力，另一方面是當真的遇到大逃亡時，流動性佳的股票，證券可以很快速地售出。

以元大證券為例，可享有質押利率優惠的標的大略為：元大台灣50（0050）或其成分股、元大高股息（0056）、元大美債20年（00679B）、國泰永續高股息（00878）、群益台灣精選高息（00919）、復華台灣科技優息（00929）、群益ESG投等債20+（00937B）等，詳細標的可以洽元大證券官網或營業員。

需要注意的是，質押的標的需要等借出的款項全部還完，才能回到自己的庫存中。我自己的習慣是長期持有的標的才會進行質押，若是做波段中期的個股，就會留在庫存中，因為這樣賣掉時，交割款會直接回到我的帳戶。

小教室

證金與證券的質押差異

這邊舉例元大證金與元大證券質押的差異。

元大證金提供有價證券（如國內股票、基金）擔保放款，亦辦理信用交易、轉融通業務協助客戶解決資金或股票短缺需求，證金的優點是利率較低（一般來而＜3%），但因為它不是證券商，所以在申請時，需要將庫存股票匯撥至公司指定專戶，亦無法使用其 App（iMoney App）買股，該 App 只能用來賣股還款。如果要重覆質押，就必須重覆跑到券商臨櫃寫「臨櫃匯撥股票」，這是比較麻煩的地方。

此外，元大證金要求的維持率為 140%（高於一般的 130%），利息在 18 個月已到期時一次繳清即可，18 個月到期後，若個別維持率達 167% 以上，可不還本金只繳利息續借；個別維持率不足 167%，則需要補足差額並且繳完利息才可續借。

元大證券的優點是不論要質押股票、賣股 / 現金還款、借款等，幾乎所有動作都可以在 App 上完成，機動性很高，缺點就是利率相對證金高一些，要獲得 3% 以下的利率並不容易，需要等有活動推出或是質押相對大額度再跟券商談利率。

質押的利息是每個月的 5 號還款。在元大的「投資先生 App」中，也有雙向借券的功能，就是借出或是借入股票，對於比較保守的操作，投資人也可以考慮將庫存中長期持有的股票借出賺利息，雖然多數的利率都不高（小於 2%），但當借出的市值越來越大時，每個月也可以收到一筆不無小補的金額。

如果是質押的標的，賣股票的錢，券商會優先將賣股所得用於償還原本的質押借款；若仍需動用資金，則可再申請向券商借款（即追加融資）。

資金運用：慢慢來比較快

質押出來的錢，一樣照著平常時自己的買法與操作進行買股，不要因為有利息要還的壓力，就做一些短線或是自己不熟悉的操作，這樣不會加速賺錢，反而很容易造成反效果，加速虧錢。

質押的利息雖然是以天計息，但我們也不用太在意利息每天的變化，只要專注總報酬與整體市值的變化即可。如果真的很在意每天增加的利息，那就代表利息已超過自己心裡能負荷的程度，建議要降低借款的金額。

質押出來的錢盡量不要用來還其他貸款，變成「挖東牆補西牆」，到最後容易被債務壓垮，也不要拿來吃喝玩樂或閒置過久（超過1年），這是投資專用的錢，因為它有借貸的成本，所以要讓它完完整整地去賺錢，分批投入股市，長期獲得比質押利率更高的回報，才是穩定獲利的模式。

或許買進後短時間都在跌，但這不需要擔心，因為我們在

開槓桿之前早已有自己賺錢的模式,這種模式不是暴賺,而是知道慢慢來比較快。我會用質押出來的資金買低位階的標的,照原有的選股邏輯與操作方法,慢慢降低自己的持有成本進而為未來獲得更大的報酬。

在這過程中必須嚴守單一個股的占比控制(我自己目前是設計為小於 5%),不能因為一檔股票覺得便宜就一直買,凡事都有看錯的可能,控制部位才是不受重傷的關鍵。

2-7
破解常見的2個槓桿迷思

槓桿非「無本套利」利器，殖利率高於借貸利率也可能因填息失敗導致虧損；多頭開槓桿未必穩賺，空頭若資金來源為質押或貸款，則更需控槓桿倍數、注意現金流與維持率風險。

許多人誤以為槓桿能讓套利無本生利，或在看好行情時加碼開槓桿，但忽略市場波動可能放大損失。槓桿不只能放大利潤，也能加速虧損，若操作不當，帳面優勢很容易變成實際斷頭風險。

迷思1：殖利率高於借貸利息就能無痛套利？

市場上常見的錯誤觀念是：「某某高股息 ETF 的殖利率

7%，如果透過 3% 的借款來投資，是不是可以無痛套利 4%？」這樣的計算方式看似合理，但實際上存在嚴重的邏輯謬誤。

首先，殖利率 ≠ 投資報酬率。殖利率僅是股息除以當前股價的比值，而非真正的獲利率，當你參加高殖利率股票的除息，雖然可以領取 7% 的股息，但市場價格會在除息當天進行調整，理論上股價會下跌相同的金額，這代表當下報酬率實際上為 0%，而不是有領到息進口袋就是有賺到。

案例1　台股高股息 ETF 的填息與貼息風險

假設我們以 30 元買入一檔殖利率 7% 的高股息 ETF，除息當天股價從 30 元調整至 27.9 元，配息 2.1 元。若填息成功（股價回到 30 元），不僅領到股息，還賺到價差，整體投資確實有 7% 左右的報酬率。

但如果市場遇到利空，導致股價持續貼息，跌至 25 元，你領到 2.1 元股息，但資本損失 2.9 元，總報酬變為負值。這也顯示，所謂的「無痛套利」並不存在，因為填息與貼息完全取決於市場狀況，並非固定收益。

案例2　透過信用貸款買債券 ETF 是套利嗎？

當美國暴力升息後，在 2024 年 7 月買入美債 ETF 或投資等級公司債 ETF，約可獲得 4%～5% 以上的殖利率。如果

透過 3% 的信用貸款來買入這類債券 ETF，是否可以視為套利呢？

表面上，4%～3% 似乎提供了 1% 的套利空間，但實際上，債券 ETF 沒有鎖利機制，其價格會隨市場利率變動而波動。債券 ETF 內的債券組合並非固定，而是會隨著時間進行汰換，主要是因為維持 ETF 的目標存續期間，大多數債券 ETF 會有一個目標存續期間，例如短天期 1～3 年內到期、中天期 7～10 年期、長天期 20～30 年期。

如果 ETF 內的債券持續接近到期，存續期間會逐漸縮短，這會影響 ETF 的收益與風險。因此，基金管理公司會定期賣出快到期的債券，並買入新發行的長天期債券，來保持 ETF 的目標存續期間。

債券價格與利率呈反向關係，當利率下降，舊債券的價格通常會上升，因為舊債券的票面利率固定，假設一檔舊發行的債券年息 5%，當市場利率降至 3% 時，這檔舊債券比新發行的 3% 利率債券更具吸引力，市場願意用更高的價格來購買它，因此舊債券價格上升；反之，當市場利率上升，新發行的債券提供更高的殖利率，市場資金流向新債券，導致舊債券價格下降。

以美國國債 ETF 或投資級公司債來看，當聯準會降息時，ETF 內持有的舊債券價格會上升，ETF 淨值上漲。ETF 會逐步用到期的舊債券資金買入新發行的低息債券，導致整體殖利率逐步下降，淨值上漲的同時也伴隨著殖利率下降，也就沒有所謂的 1% 套利空間了。

在 2022 年美國聯準會開始快速升息時，長天期美債 ETF（如 20 年期美債 ETF，代號 TLT）價格從 150 美元暴跌至 85 美元，跌幅超過 40%，即便殖利率提高，但投資人因價格下跌可能遭受大幅損失，即使殖利率高於借款成本，短期內仍可能出現帳面虧損。因此，若借款 3% 來投資債券 ETF，並不算是套利，因為市場利率變化可能影響債券 ETF 價格，導致帳面虧損。

那麼，是否有真正的套利策略呢？

如果透過 3% 信用貸款，買入殖利率 4% 的美國政府公債（直債），這才算是相對可行的套利策略，因為美國公債是零違約風險資產，比企業債更穩定。持有至到期（Hold to Maturity），可以確保拿回本金與固定利息，現金流確定每年可獲得穩定 4% 利息收入。

然而，即使是這樣的套利策略，仍然有風險，包含⑴匯率

風險：若投資人以台幣借款，但購買美元計價公債，美元貶值可能影響最終回報；(2)利率風險：若持有期間內需要提前賣出，可能因市場變動而蒙受損失。

另外，許多機構投資人會利用日本的低利率環境，借入日圓（利率接近 0），然後投資於殖利率較高的美元資產（如美國公債 4%），這是一種經典的套利策略。但當日圓突然升值時，投資人需要更多日圓來償還貸款，可能導致原本的套利獲利被抵消，甚至出現虧損。

市場上許多投資人誤以為殖利率高於借款成本就能無痛套利，但實際上股息並不等於穩賺不賠，填息與否決定最終報酬。債券 ETF 並不鎖利，利率波動可能影響價格。

真正的套利機會（如公債直債或日圓套利）仍然存在風險，如匯率、利率變化等。因此，在考慮任何套利策略時，都必須仔細評估風險，尤其是當有人聲稱「無風險套利」時，更應該抱持懷疑態度，以避免掉入投資陷阱。

迷思 2：股市多頭時才要開槓桿？

槓桿能加速資產提升，但不要超速，以分散及長期投資為主，不要重押。

股市在多頭時，萬股齊漲，開槓桿買股票有機會可以在相對短的時間內得到不錯的獲利，例如 2023 年。空頭時，股價幾乎都是今天比昨天便宜，明天又比今天更便宜，同樣的資金，買的股數越來越多，此時開槓桿，雖然在短期間內帳上都是虧損的，例如 2022 年，但以長期持有的心態買入，當空頭結束，過程中累積的股數會讓人的資產增幅很有感。

我認為**槓桿的使用並不用刻意避開多頭或空頭，但前提是使用的方式與心態要正確**，因為槓桿不論是獲利或虧損都有加速的效果。槓桿的使用不是要重押賺一波大的，而是只要想著賺贏借貸利率。

使用槓桿投資本身就是一種較積極的做法，一定要配合保守的配置與長期穩健的持有，才能免於讓自己陷入風險中而不自覺。

股市何時會由多翻空、何時會突然出現黑天鵝，其實無法預測，所以槓桿的使用絕對是要做好股市隨時可能回落 20%、30% 以上的準備，至於要怎麼準備呢？若使用質押的方式，首先就是要留一定比例的現金、槓桿的比例盡量不要超過 2 倍、做好適當的類股分散投資、配置債券部位、不要追高買等，這些都可以降低槓桿的風險。

在市場空頭時，若是槓桿的資金來自於股票市場，例如質押借貸，那就必須謹慎地評估借貸維持率的問題，因為空頭期間，股票市值很容易一天一天降低，使維持率也一直向下掉，我們無法預測空頭會持續多久，故需要預留一定的市值容許下跌空間。

以 2022 年為例，台股從 1 月高點 18,616 點跌至 10 月最低 12,629 點，總共修正了約 32.2%。以質押維持率來計算，若是在大盤 18,616 點時，質押 100 萬元市值的股票，借貸出 60 萬元的資金，維持率為 166.67%（100 萬元÷60 萬元×100%），接著 100 萬元的市值跟著大盤跌了 32.2%，市值剩 67.8 萬元，維持率只剩 113%（67.8 萬元÷60 萬元）×100%），這遠遠已低於 130% 的追繳限制，所以早早就會被強迫賣出抵押品了。

故空頭期間使用質押為了確保安全，有兩個方法，一是降低槓桿的倍數，二是將借貸出來的 60 萬元資金再買股票當成抵押品，如此 160 萬元的市值跌了 32.2%，仍有 108.48 萬元，維持率仍保有 180.8%（108.48 萬元÷60 萬元）×100%）。

這邊看的是指數，多數人的配置若不夠分散，大盤跌

32.2% 的情況下，個股跌到腰斬的都不在少數，如何保有高的借貸維持率，就是空頭時期使用股票質押的重要課題。

空頭期間若是槓桿的資金來自股票市場外，例如房貸增貸或是信用貸款，就不用擔心維持率的問題，但要思考的是自身工作收入穩定性的問題，空頭與經濟衰退相伴相生，許多中小企業在景氣不佳時，最直接的反應就是訂單量縮減，這也代表勞工的工作量減少，沒有加班費甚至是實施無薪假，當原本以為是穩定的薪資收入減少，現金流出現問題，就可能需要賣股還款，而將股票賣在空頭過程中的相對低點，這是使用場外資金必須考量的點。

在股市多頭時使用股票質押來進行槓桿，其最大的風險就來自於「心態」，因為多頭時期會讓投資人產生「借越多賺越多」、「不趕快買就會越來越貴」、「股票就是只漲不跌」等 FOMO 的想法，因而使用超出自身能力或心態能負擔的槓桿倍數。

多頭市場往往具備緩漲急跌的特性，投資人若是為了貪快，把槓桿開到 3、4 倍以上，對於個股而言，一個很普通 10%～20% 的小回檔，很有可能受重傷。在多頭時也要記得：賺你能賺的、賺你該賺的，你無法賺到所有你想賺的錢。

在股市多頭時，槓桿使用股票市場外的資金，例如房貸增貸或是信用貸款，這個部分的風險就相對小，畢竟在多頭期間，景氣欣欣向榮，此時也會有很多人想槓桿投資，當資金越來越多湧入股市時，資產的價格會漸漸向上堆高，便宜的股價會越來越少，但別急著賺錢就不看個股位階把錢投入市場，此時我會看股價與季均線的乖離率，大於 10% 就先不買，等有修正時再分批買入。

Note

2-8
做好風險控管戰勝波動

槓桿可放大利潤，也可能放大虧損，關鍵在於風險控管與心理素質。透過分散持股、降低波動，能提升長期投資勝率。

台股在 2024 年 8 月 2 日與 8 月 5 日分別下跌 1,004 點與 1,807 點，2 個交易日從 22,642 點跌到 19,830 點，跌幅 12.4%。以此跌幅計算，若是開 3 倍槓桿的投資人，2 天就損失了 37.2% 的本金，這是很令人難受的回檔。

雖回頭看台股，從 2022 年 10 月份一路漲上來的過程中，跌下來就買是一個非常好的策略，但遇到 3 成以上的回檔，多數人心態是扛不住的。所以適當的槓桿倍數是很重要的，在

「生命週期投資法」中，建議年輕時使用的槓桿倍數建議不要超過 2 倍，以免市場的波動對資產產生過大的影響。

槓桿投資的關鍵在於如何應對心理挑戰，尤其是在市場波動加劇時對情緒的影響。多數人在市場上漲時容易產生過度自信，認為獲利只是時間問題，因而忽視風險，然而，當市場反轉或出現劇烈波動，槓桿放大的損失會引發恐慌，例如原本帳上損失 30 萬元是可以接受的，而在 3 倍槓桿下，損失會來到 90 萬元，這可能讓人失去理性判斷，進而在低點恐慌性賣出。

貪婪與恐懼是槓桿投資中的 2 大挑戰，過度樂觀時投資者往往會加大槓桿追求更大回報，忽視市場風險，而當市場回檔時，損失被放大，投資人陷入恐懼，很有可能自己砍或是被迫砍在「阿呆谷」（於低點賣出後，股價卻上漲）。

過度的槓桿投資還會持續帶來心理壓力，投資人不應該使用過度的槓桿，並應配置良好的投資組合來降低波動度。**槓桿投資能帶來高回報，但只有理性控制情緒、保持紀律，才能在波動市場中實現長期成功。**

降低持股波動性的 4 大優點

我的自組 ETF 裡面包含了幾個核心概念，例如透過「分

散持有」來降低整體市值的波動性、不追高買，選低基期個股盡量降低持有成本、長期持有盡量不賣等，其中降低持股的波動性具有多個優點，尤其對於長期投資人來說，穩定的回報和風險管理非常重要，其優點包含：

1. 減少投資人的情緒壓力

隨著投入股市的金額越來越多，當整體市值來到幾百萬甚至上千萬時，即使市場日常的小波動也會帶來幾萬至十幾萬元以上的市值變化，當市場整體進入不理性的殺盤時，個股價格會有劇烈的波動，投資人往往會受到恐慌和焦慮的影響，做出不理性的決策（例如追漲殺跌）。所以盡量建立分散且穩健的持股，降低整體的波動性可以幫助投資人更冷靜地面對市場變化，避免情緒化操作，實現更好的長期投資效果。

2. 減少反彈時所需的增長幅度

當資產大幅下跌時，要回到其原始價值所需的幅度會大幅增加。例如，如果資產下跌50%，需要100%的增長才能恢復，而資產下跌5%只需要漲5.27%，就能回到原有的水準。因此，保持較低的波動性，能避免過大的下跌，減少未來回到原始水平所需的增長幅度。

3. 提高長期複利增長的效果

雖然短期內資產大幅上漲是多許人的夢想，但別忘了上漲與下跌是一體兩面的，1個月能漲50%，也代表著能跌50%，在長期投資的過程中，較高的波動性會影響複利增長的效果，穩定的市值增長更有利於複利的累積。

4. 低波動配合槓桿更有效率

投資的3大要素為「時間」、「報酬率」與「本金」，當建立波動度低的投資組合且配合穩定的報酬時，投資人就越有把握與信心透過槓桿來放大投資本金，我認為這種有條件式的槓桿，會比雖然沒有槓桿但卻無計畫地亂買，相對安全且有效率。

一般人認為沒有使用槓桿就是低風險，其實不然，股票對比於房地產、債券或定存等投資商品，就是相對高風險的商品，沒有使用槓桿投資，但缺乏穩健的投資配置，並隨意聽明牌進行投資，實際上因為沒有邏輯和不確定性，可能導致更高的風險。

槓桿本身不是危險的，危險在於無計畫或過度使用槓桿。透過有效的風險管理，建立穩定的投資組合，適度使用槓桿可以放大收益，而不會引發過大的風險。

槓桿投資的雙面刃：高報酬 vs 高風險

在投資市場中，許多人常聽到「高報酬伴隨高風險」，這句話雖然不假，但並不代表所有高風險的投資都會帶來高報酬，尤其是在槓桿交易的情境下，風險被進一步放大，若沒有適當的風險管理，可能導致嚴重虧損，甚至財務崩盤。這裡就舉幾個案例來說明高風險不一定會帶來高報酬，以及如何正確應對槓桿投資的風險。

2008 年金融危機

在 2008 年次貸危機前，許多投資機構與個人投資者過度使用槓桿來購買房地產或高收益債券，認為房價只會上漲，然而，當房市崩盤，資產價格暴跌，這些高槓桿的投資人不僅損失本金，還面臨融資追繳（Margin Call），許多投資人不得不以極低的價格拋售資產，最終導致財務破產。槓桿能夠放大收益，但也會放大損失，市場波動超出預期時，槓桿可能導致毀滅性的後果。

2021 年知名遊戲零售品牌 GME 散戶軋空事件

GameStop（GME）股價因散戶投資人的集體軋空行動而暴漲，許多投資人使用槓桿來押注股價進一步上漲，然而，當 GME 股價在短時間內劇烈波動時，許多使用槓桿的投資人因無

法補足保證金而被強制平倉，導致巨大虧損。投資人應該避免短期投機性的槓桿交易，特別是在市場情緒主導價格變化時。

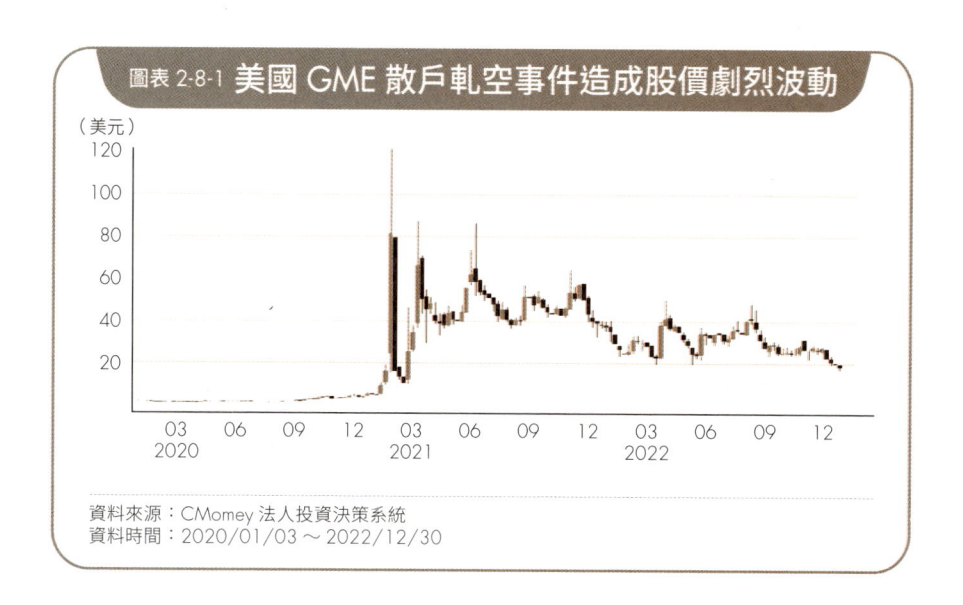

圖表 2-8-1 美國 GME 散戶軋空事件造成股價劇烈波動

資料來源：CMomey 法人投資決策系統
資料時間：2020/01/03～2022/12/30

2022 年 LUNA 幣崩盤

LUNA 是加密貨幣市場中曾經受歡迎的穩定幣生態系之一，許多投資人認為其價格將持續上升，甚至使用槓桿借款來購買 LUNA，然而，當 LUNA 價格開始崩跌時，槓桿投資人迅速遭到清算，原本期待高回報的投資最終變成了血本無歸。高波動性的資產（如加密貨幣）搭配槓桿交易，可能導致短時間內極端的虧損，投資前應謹慎評估風險。

圖表 2-8-2 加密貨幣 LUNA 幣崩盤

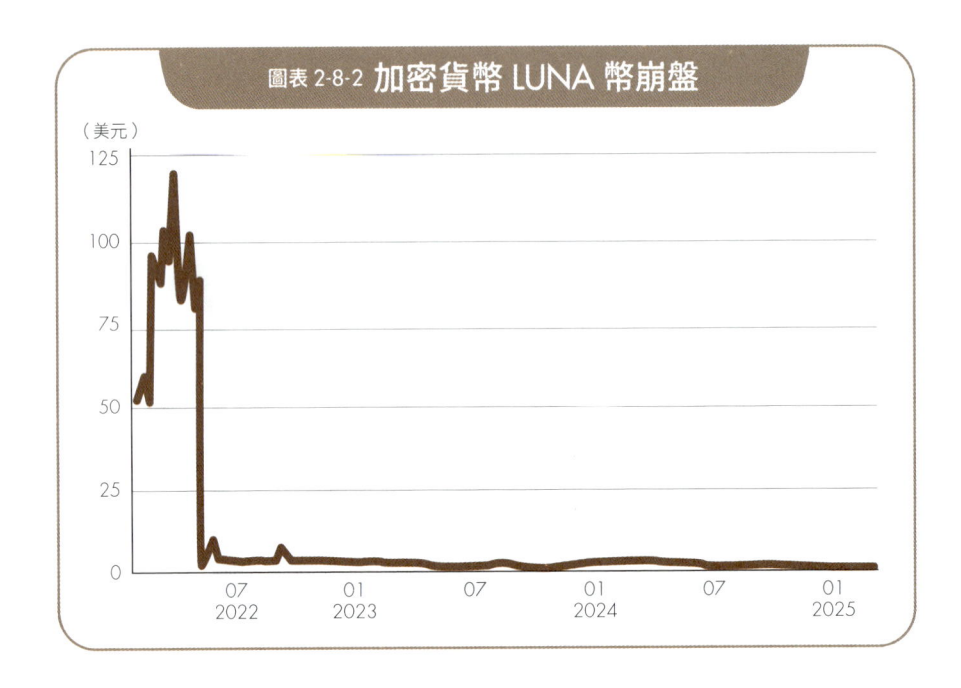

高風險投資確實有可能帶來高報酬，但並不保證一定會如此，特別是在槓桿交易的情境下，風險管理的能力往往比獲利能力更重要。無論是股票、房地產、加密貨幣或其他產品，投資人都應該謹慎評估風險，避免因過度槓桿而導致財務毀滅。

與其追求極端高回報，不如尋找風險與回報之間的最佳平衡，穩健成長的財富，才是真正可持續的財富。槓桿資金應配合低波動使用才是比較適當的操作方式。

開槓桿可以抱股過年嗎？

在台灣市場，每年農曆新年期間通常會休市約 1～2 週，這段時間內，台股投資人無法進行交易，而國際市場仍然持續運作。我相信對於長期投資人而言，這幾天的市場休市影響並不大，然而，對於短線交易人或使用槓桿的投資人來說，抱股過年可能會帶來額外的風險與挑戰。

在台股休市期間，如果國際市場發生重大事件，如經濟數據發布、地緣政治衝突、聯準會政策變動等，可能會對台股開盤後的走勢造成影響，例如 2025 年蛇年新春開盤日，因為川普關稅政策與 DeepSeek 橫空出世的影響，大盤跌了 830 點，引起了市場許多不確定性的恐慌，正當大家還在議論紛紛時，然而在 1 週後這個跌點幾乎又漲回來。在持股配置夠穩健並且槓桿部位控制的好的情況下，可以安然度過，但若槓桿的安全邊際不夠，很容易在市場也還摸不清楚狀態時，就被掃出場了。

自從開始存股後，我幾乎每年都是 9 成以上的持股，配合 2～3 倍的槓桿抱股過年，長期投資與分散配置配合適度的槓桿，對於長天期的假日就可以比較安心，一間公司的基本面或訂單不太會因為放個假有天差地別的變化，所以我們應該關注的是企業的本質，而不是短期的波動。

第 3 章

加速引擎 2

讓財富穩健成長的資產配置

3-1 增值型 vs 現金流投資策略
3-2 沒配息的股票為什麼仍值得存？
3-3 不停利 讓資產慢慢長大
3-4 股債配置 安心抱股
3-5 小資族該不該先買房？

3-1
增值型 vs 現金流投資策略

投資人應依自身需求與風險屬性,在資產增值型與現金流型策略間動態配置,切記殖利率不等於報酬率,別為了配息而亂開槓桿。

在投資的世界裡,「市值型 ETF 與高股息型 ETF 哪個比較好」的論戰始終沒有停止過,這邊我並沒有要參與論戰,只是說明我所看到的現象。

我不認為高股息 ETF 是不好的商品,我的想法是只有「適不適合」與「買進心態是否正確」,會買高股息的目的是需要現金流,又不想要透過賣股票的方式來取得現金,高股息主打現金流沒有錯,但它畢竟是一籃子股票所組成的標的,股息與

債息的性質不同，我們頂多只能相信高股息 ETF 它能提供「相對穩定的現金流」，而不是「絕對穩定」。

若標榜長期年化殖利率接近甚至超過 10%、適合使用低利率的借貸來持有能賺更快，這是有問題的，「每個月的配息償還借貸利息後還有剩，剩下的等於是多賺」這個觀念大錯特錯。

▌殖利率不等於報酬率 別為了股息大開槓桿

首先，很多人所說的「年化殖利率」是以當下的股價與單次的配息來「推估」未來 1 年的配息，但這是非常不準確的，以月配息的復華台灣科技優息（00929）為例，在 2024 年的 4～6 月除息金額都來到每股 0.2 元，當下就會有很多報導用 0.2 元乘上 12 個月來推估 1 年配息上看 2.4 元，而當時的股價約 20～21 元，這樣算起來，所謂的年化配息就超過 10%。

當下有很多人心動，大量買進甚至是加了槓桿，對於「股價是會波動的、配息也會波動」、「殖利率不等於報酬率」等提醒，完全聽不進去，直到公布了 2024 年 12 月除息 0.05 元，才終於清醒，原來配息金額可以差異這麼大（見圖表 3-1-1）。

這不是高股息商品的問題，而是投資人對這個商品的認知一開始就有誤會。此外，聽著槓桿買入的投資人開始抱怨「才配0.05元不夠我還貸款的利息」，我想提醒的是：(1)在還沒有找到適合自己且穩定獲利的模式之前，不要使用槓桿；(2)殖利率高不等於報酬率高，更不要因為高殖利率而使用槓桿；(3)如果是要槓桿投資，每個月的還款來源，絕對不可以依賴高股息商品的配息，而是要使用自己本業的穩定收入來償還。

圖表 3-1-1　00929 歷史配息

（元）

月份	配息
2023/07	0.11
2023/08	0.11
2023/09	0.11
2023/10	0.11
2023/11	0.11
2023/12	0.11
2024/01	0.13
2024/02	0.13
2024/03	0.13
2024/04	0.2
2024/05	0.2
2024/06	0.2
2024/07	0.18
2024/08	0.18
2024/09	0.16
2024/10	0.14
2024/11	0.11
2024/12	0.05
2025/01	0.05
2025/02	0.05
2025/03	0.05
2025/04	0.05
2025/05	0.07
2025/06	0.07

資料來源：CMoney 法人投資決策系統
資料時間：2023/07 ～ 2025/06

依自己投資屬性 配置 2 種投資策略

「資產增值型投資」與「現金流型投資」是因需求不同而產生的 2 種策略，差異如下：

1. 資產增值型投資（Growth Investing）

這類投資策略的核心目標是提升資產的市場價值，而非即時的現金流。主要特點如下：

- 關鍵收益來源：資本利得，即資產增值。
- 適合對象：有較長投資時間、仍處於資本累積階段的投資人，以上班族的角度來看，就是當年薪持續向上提升或是穩定維持於高檔的階段，適合配置較大部位的資產增值型投資標的並配合適當的槓桿。
- 投資標的：成長型股票（科技股、新興產業）、房地產增值、小型股等。
- 風險與報酬：波動較大，但長期回報通常高於現金流型投資。
- 缺點：無法提供穩定收入，需要透過資產增值來實現獲利。

2. 現金流型投資（Income Investing）

這類投資策略專注於穩定的收益來源，而非資本利得。主要特點如下：

- **關鍵收益來源**：配息、租金收入、債券利息等。
- **適合對象**：需要穩定現金流的人，例如退休族或想實現財務自由的人。
- **投資標的**：高股息股票、投資級債券等。
- **風險與報酬**：波動較小、回報較穩定，但長期增值潛力通常低於成長股。
- **缺點**：雖能提供現金流，但若資產增值不足，長期回報可能落後於資產增值型投資。

2 種策略我認為並不是非黑即白，同時並行比較符合人性與實際的需求，配置上是 7：3、6：4，還是 5：5，當然是要依自己的投資屬性來分配，先了解自己是積極型還是保守型，若不太清楚的話，代表在市場的時間不夠久，可以試著先採 5：5 的配置，在市場裡再待久一點，經過一些多空循環後，看自己在這過程中是覺得恐慌，還是覺得可以再承受更大的波動度，然後再照自己舒適的比例調整即可，當然，隨著年紀與收

入狀態的改變，這個比例也可以再做微調。

　　有了以上的認知後，就不需要再拿現金流的策略與資產增值型的策略來比較，到底誰賺得比較多、誰波動度比較小、誰被動式收入比較多或是誰比較好，是沒有意義的，只有哪個階段適合哪種配置比例。

3-2
沒配息的股票為什麼仍值得存？

成長型公司將盈餘投入擴張與研發，雖然沒有配息或股息較少，但公司價值與股價持續上升，資產因股價增值而穩健成長，適合長期累積財富的投資人。

有沒有配息或是殖利率的高低，跟「資產的增值」沒有絕對的關係，許多人會很執著於殖利率，甚至認為沒有配息就拿不到回報、不應該持有不配息的標的，但這其實是一個誤解。

有很多不配息但是會讓資產持續成長的標的，透過長期持有，報酬率也是很可觀的。

配息有配息的優點，包含以下 2 點：

1. 提供主動收入外的現金流

不論是年配、半年配、季配或月配，投資人可以定期獲得額外的收入，用來應對生活開支或是再投入不同標的等，增加資金使用的靈活性。將股息再投資，就可享有複利效應，提升整體的投資回報放大資產。特別對於退休族群，亦適合持有一定比例的配息型商品作為收入來源。

2. 一定程度的降低波動風險

殖利率在台股是許多投資人注重的指標，故也有一種說法是「跌到一定的程度，有殖利率的保護傘」，我同意這個說法，其實「殖利率保護」與「本益比的修正」是相似的概念。股價向下修正的過程，本益比下降，殖利率上升，都會吸引到特定的投資人買入，進而有某種程度的股價支撐。配息高的公司一般而言處於穩定期，股價也較不會有高速成長型公司大起大落的情況，具備降低波動度的優點。

把錢投入企業成長 增值型 ETF 報酬率可觀

配息雖有許多優點，但不應該是判斷標的值不值得買的指標。台股有很多追蹤國外標的的 ETF 是沒有配息的，但將它們適當地配置在投資組合中，可以替投資人帶來顯著的資產成

長（見圖表 3-2-1）。

　　這是因為有獲利但不配息的公司通常會將盈利再投資於公司或資產，推動業務增長，把錢留給公司，讓該行業專業人員做決策，發展更先進或是精進現有技術，這對於追求長期增值的投資人來說非常有利，因為再投資能夠促進資本的複利增長，增加投資價值。

圖表 3-2-1 **海外 ETF 雖無配息 資產仍成長**

代號	名稱	成立日期	成立價格（元）	2024/12/31 價格（元）	2024 年總費用率（%）
00646	元大 S&P500	2015/12/02	20	60.55	0.36
00652	富邦印度	2016/03/16	20	37.23	3.55
00678	群益那斯達克生技	2017/01/09	20	27.8	1.59
00757	統一 FANG+	2018/11/27	20	104.5	1.08
00876	元大全球 5G	2020/06/22	20	37.4	1.16
00893	國泰智能電動車	2021/06/21	15	25.48	1.16
00895	富邦未來車	2021/08/02	15	31.88	1.27
00941	中信上游半導體	2024/03/06	15	13.26	未滿 1 年

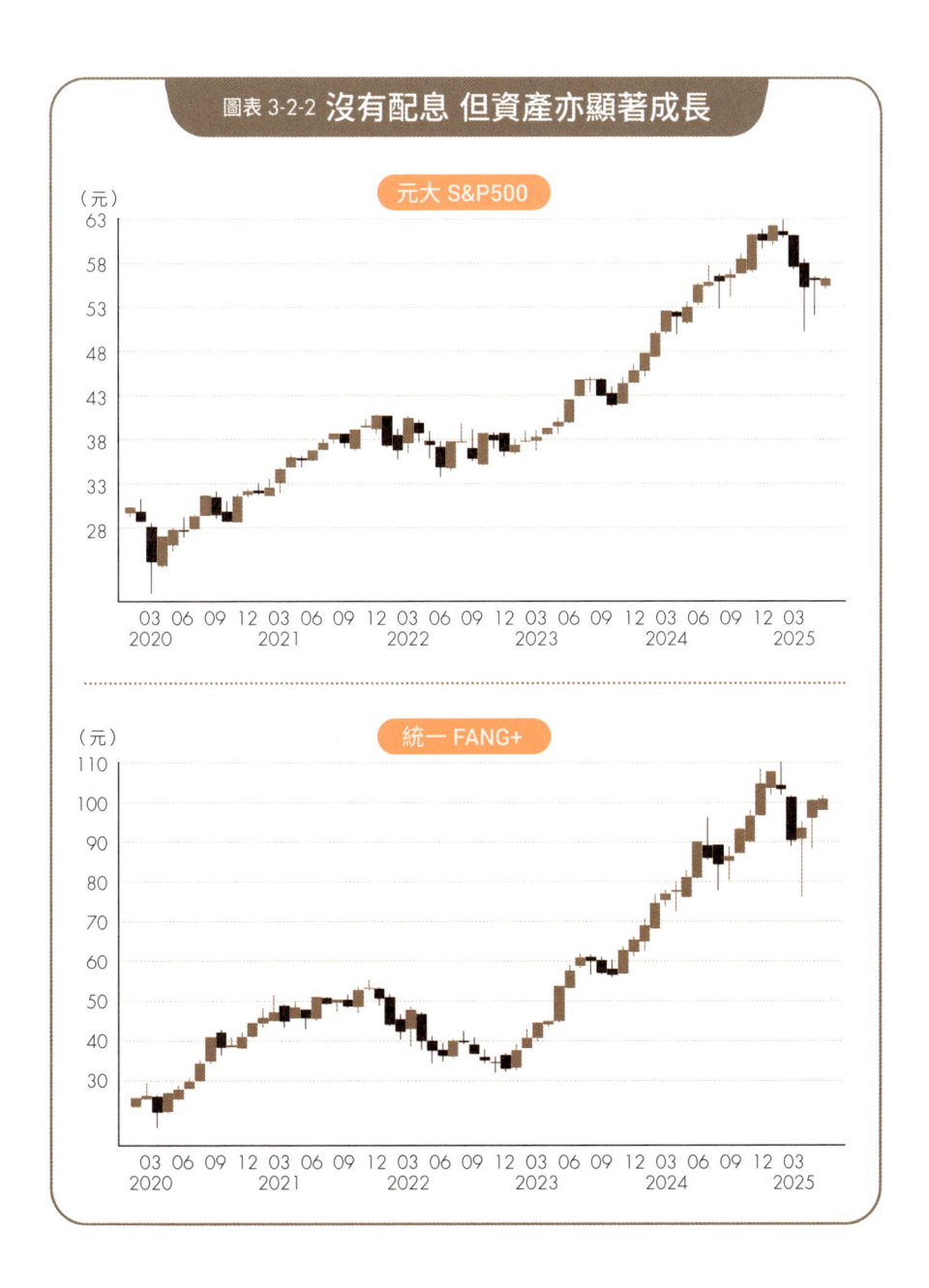

3-2 沒配息的股票為什麼仍值得存？

圖表 3-2-2 沒有配息 但資產亦顯著成長

元大 S&P500

統一 FANG+

此外，對於上班族而言，在已有穩定的本業情況下，股息多半是用來再投入投資標的，但同時也會增加所得，當所得的級距向上跳一階，繳稅就會相對有感，而不配息商品有稅務上的優勢，在不增加所得的情況下，達到資產市值的增長。這使得資本增值的收益能在投資期內持續累積，減少了稅務的負擔。

上述都是我持有的追蹤國外股票市場的不配息型 ETF 商品，若是像我一樣沒有開複委託、沒有開國外證券戶，但想將部分資產分散配置到國外公司，那麼直接在台股買追蹤國外公司的 ETF 也是個不錯的選擇。

優點是直接在台股交易，加減碼都很方便，即使小額購買零股，手續費用也低；缺點是大部分此類型的商品總費用率都超過 1%，略高於一般追蹤國內標的 ETF 約 0.4%～0.8%。

小教室

所得稅級距（以 2025 年為例）

所得稅淨額	適用稅率
590,000 元以下	5%
590,001 元～1,330,000 元	12%
1,330,001 元～2,660,000 元	20%
2,660,001 元～4,980,000 元	30%
4,980,001 元以上	40%

除了台股 ETF 投資國外股票的 2 種方式

想要投資國外的股票還有另外 2 種選擇，分別是「開國外證券戶」與「複委託」。

開國外證券戶

- **優點**：可以直接購買國外公司的股票，投資的市場更廣泛與多元，完全參與股價的波動，交易時間也跟著目標市場的交易時段直接操作，可即時抓住交易機會。交易的手續費用較低，甚至免手續費。
- **缺點**：開戶流程相對繁瑣，購買前需要將錢匯至國外帳戶，會有電匯費用，且遇到問題恐面臨時間差，無法即時被排除。

複委託

- **優點**：不用匯錢至國外，較有安全感且可省下電匯費用，台股交易時段遇到問題可以直接連絡營業員協助處理。
- **缺點**：有最低手續費，適合一次購買較大量的金額比較划算，不適合小額頻繁交易。投資標的通常只有大型股與熱門股，選擇受限。

3-3
不停利 讓資產慢慢長大

長期持股不僅是投資策略，更是一種心態上的鍛鍊。好公司的股價會隨時間上升，若過早停利，可能錯失長期累積財富的機會，理解企業基本面、保持耐心，才能在市場波動中穩健前行，真正享受資產增值的果實。

「入袋為安」是投資過程中常會聽到的一句話，沒有對與錯，但投資人可以把自己每一次停利的原因與價位記錄起來，半年或1年後再回過頭來看，若當初不停利、堅持抱著，現在是不是有機會獲得更大的報酬呢？

若你持有的公司是具備基本面的好公司，那麼答案很有機會是「沒錯，當初沒賣，現在賺更多」。為什麼我很肯定地這樣說呢？因為這樣的結果在我身上曾一次又一次發生，體感上

「賣飛」（賣出後，股價繼續上漲）的機率應該有 7～8 成。

好公司太早停利 恐錯失翻 10 倍機會

自以為把漲多的股票停利，拿去買低基期還沒有漲的股票可以賺更多，但實際上這就是美國投資大師彼得‧林區（Peter Lynch）形容的「剪去鮮花，灌溉雜草」，長久下來對於整體的投資報酬率傷害極大。

對於喜歡左側分批向下買的投資人來說，灌溉雜草（形容向下攤平成本）是很常做的事，只要做好資金控管，分批投資暫時遇到逆風的好公司，我並不覺得有什麼問題，問題就在於當可動用的資金沒有控管好，雜草又一直出現甜甜價時，投資人最終選擇賣掉有獲利的股票，來加碼雜草，這其實是很可惜的。穩定獲利的好公司，股價也會有劇烈震盪沒錯，但拉長時間來看，股價與基本面會一起成長並不會脫鉤。

> **小教室**
> 左側交易：指投資人在市場尚未明顯反轉時，基於基本面或技術分析預測低點，提前進場布局。
> 右側交易：相對於左側交易，指投資人等待市場趨勢明確後再進場。

我的投資組合約有 178 多檔標的，在 2025 年 7 月 15 日的紀錄中，投資報酬率前 30 名的個股，雖然只有占我總投資金額的 5.84%，但未實現的獲利卻占了整體的 47%，而且報酬率前 30 名都在 200% 以上，若是我在它們獲利 10% 或 20% 時想著停利或入袋為安、砍掉這些鮮花，那就會錯過自己的資產跟著好公司一起成長的機會（見圖表 3-3-1、圖表 3-3-2）。這也就是為什麼我覺得盡量不停利是獲利增長很大的關鍵。

「你怎麼可以抱得住都不賣？」「不停利的話跌下來怎麼辦？」「你不覺得沒賺到很可惜嗎？」這是很多朋友常會問我的問題。我很清楚他們的疑問，因為我曾經也是位急著停利的投資人，抱得住、不停利對我而言並不是 1 天、2 天就有的信仰，而是經過無數次的賣飛才有的體悟。

之前每當賣出 1 檔股票，都是覺得已經漲高了、漲太多了、要回檔了，所以先在相對高點賣出，短時間內漲多了回檔，這是很合理的，但事隔幾季或幾年後再來看當下的價位與賣出時的價位，是否還會覺得自己賣在高點呢？我的答案多數都是「為什麼當初那麼早就賣了」。一開始我跟多數人有一樣的想法，不停利後股票跌下來，沒賺到很可惜。但我現在的想法是，停利了，錯過資產放著就會自己長大的機會才可惜。

3-3　不停利 讓資產慢慢長大

圖表 3-3-1 老吳 2025 年 7 月 15 日庫存報酬率前 30 名

排序	個股	未實現損益（元）	自組 ETF 占比（%）	報酬率（%）
1	高技	225,393	0.19	770.65
2	志聖	165,493	0.09	759.84
3	中砂	309,371	0.31	649.55
4	僑威	74,976	0.09	552.94
5	漢科	80,783	0.1	545.2
6	台光電	157,649	0.2	533.31
7	大量	119,660	0.17	477.58
8	聯華食	185,190	0.26	464.77
9	辛耘	77,959	0.12	448.16
10	揚博	86,492	0.13	430.36
11	神基	92,149	0.15	403.27
12	海韻電	60,439	0.1	395.9
13	東和鋼鐵	39,493	0.07	388.26
14	普萊德	113,613	0.2	386.61
15	茂訊	88,519	0.16	369.13
16	漢唐	162,965	0.31	355.71
17	安馳	65,705	0.12	352.35
18	新產	74,877	0.15	340
19	宏全	116,859	0.25	311.93
20	零壹	88,444	0.19	303.1
21	堃霖	33,282	0.08	290.22
22	釴象	122,348	0.28	288.64
23	廣達	77,986	0.18	287.57
24	達興材料	216,770	0.52	279.28
25	京元電子	76,907	0.18	278.27
26	宇隆	130,776	0.34	255.3
27	建準	102,997	0.27	251.59
28	文曄	126,941	0.35	242.49
29	資通	48,577	0.14	226.76
30	敦陽科	42,719	0.13	223.71
	合計	3,365,334	5.84	

圖表 3-3-2 老吳 2025 年 7 月 15 日庫存報酬率後 30 名

排序	個股	未實現損益（元）	自組 ETF 占比（%）	報酬率（%）
1	穩懋	-162,853	2.51	-43.98
2	富邦媒	-163,092	3.05	-36.19
3	桂盟	-49,772	1.13	-29.92
4	環球晶	-72,161	1.69	-28.87
5	晶焱	-28,224	0.73	-26.36
6	大樹	-59,361	1.63	-24.66
7	晶碩	-33,403	1.11	-20.38
8	和潤企業	-10,850	0.4	-18.35
9	耕興	-18,696	0.7	-18.2
10	亞洲藏壽司	-37,888	1.45	-17.71
11	中租-KY	-46,446	1.81	-17.34
12	美時	-9,699	0.39	-17.05
13	豐泰	-32,956	1.41	-15.78
14	禾聯碩	-9,785	0.44	-15.17
15	大學光	-12,141	0.66	-12.52
16	元大美債20年	-72,927	3.96	-12.46
17	聚陽	-2,803	0.16	-12.12
18	豆府	-16,460	0.99	-11.26
19	泰博	-9,358	0.67	-9.44
20	三福化	-7,588	0.56	-9.16
21	関康	-9,861	0.73	-9.14
22	南電	-26,252	2.24	-7.92
23	群益25年美債	-39,564	3.38	-7.91
24	啟碁	-5,206	0.46	-7.68
25	宏正	-1,102	0.1	-7.43
26	信邦	-8,278	0.81	-6.92
27	宜鼎	-4,320	0.44	-6.64
28	儒鴻	-5,961	0.62	-6.49
29	裕融	-2,580	0.3	-4.87
30	和泰車	-793	0.15	-3.47
	合計	-960,382	34.67	

長抱好公司 不受股價波動影響

不停利結果股價真的跌下來了，這種經驗我也不在少數，例如海悅（2348）、群光（2385）、資通（2471）、神基（3005）、德律（3030）等都是我抱上又抱下的個股，我以前也會覺得可惜，少賺了一段價差，但仔細想想，我們要認清，所謂的高點都是事後回過頭來看，才會知道當初是高點。

看到這些高點，會想著如果我能賣在某某價位該有多好，但在上漲的過程中，心中若存在著想賣的頭念，情緒就很容易受股價的震盪而起伏。不用等到高點，在剛開始上漲的過程中，一點小回檔，大概就會被洗出場，之後也就眼睜睜目送股價噴出。

看著 1 檔個股從賺很多、小賺到賠錢，心態是從容、緊張還是憤怒，這與該檔個股的持股占比有絕對的相關性，當占比越大，就越難平常心看待漲跌，心情也容易受到股價的波動影響。以上舉例的 5 檔個股，占比分別都不到我投資組合的 1%，股價再怎麼有大的波動，都能夠很平常心地看待，即使當時海悅從最高 390.5 元，跌到 168.5 元，比腰斬還嚴重，我的心情仍能夠保持淡定，並且開始思考與研究，這些個股是不是要到它們的價值區了。

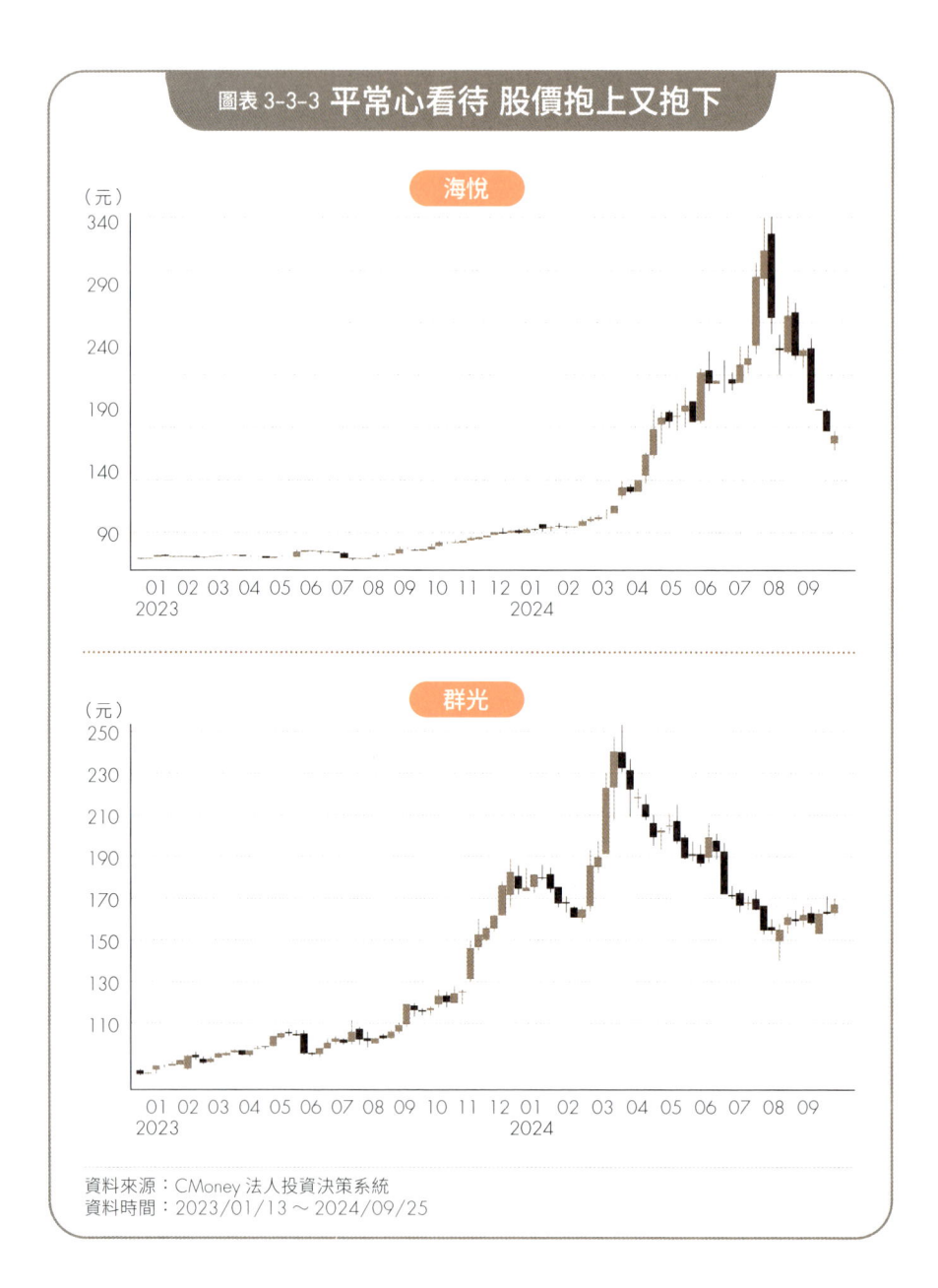

圖表 3-3-3 **平常心看待 股價抱上又抱下**

海悅

群光

資料來源：CMoney 法人投資決策系統
資料時間：2023/01/13～2024/09/25

接著我會透過 App 了解它們的近 4 季本益比是否降低、股東權益報酬率（ROE）是否還維持在一定的水準，再觀察他們的籌碼（股東人數變化）等，若有好的跡象，就可以慢慢地買點零股了。

對我而言，買零股的優點是容錯率很高，例如一次買 50 股，買到 1 張等於有 20 次可以分批向下買的機會，若真的那麼幸運，每一次都買得比前一次還低，最終持有的成本，跟第一次買進時比起來會很有感。

上漲跟下跌是一體兩面的，你能忍受越大的回吐，通常也代表之後可以享受到越高的報酬。看到持有的個股下跌就開始慌張的人，上漲時往往也抱不住，因為上漲的過程不是每天漲，越在意股價、越在意報酬率時，就越難抱得住，要時時刻刻提醒自己，每檔股票的背後都是一間公司，公司的體質要改變沒那麼快，但股價每天都在上下波動，短線的價格多數是依投資人的情緒交易而來的，做為一個長期持有的兼職投資人，就不要想著在短線的戰場上獲得甜頭，即使有獲得，也會在接下來幾次快速買賣的過程中還回去。

因為短線交易的背後，是一群主力、大戶、專職投資人或投資機構等資金規模，跟一般上班族不在同一個水平的人或機

構，我們還是乖乖上班、走存股路線，比較不會一直送錢。

不輕易賣出 跟著公司一起成長

不停利然後個股就一直漲上去不回頭的例子，那就更多了，畢竟每一家企業都是以永續經營為目標，每位老闆都不會安於現狀，而是不斷突破現狀，進行新技術研發、擴展全球市場、提升產品與服務，結果就是讓公司的股價持續上升。

好公司的股價容易隨著時間上升。如果我們能抓住這樣的機會並堅持持有，獲得可觀的回報並不是那麼困難。例如我持股中的崇越（5434）、瑞儀（6176）、鉅邁（8435）、迅得（6438）、中聯資源（9930）、統一（1216）、台積電（2330）與中砂（1560）等，都是從 2020 ～ 2021 年陸續買入後持有不停利而獲得不錯回報的例子。

3-3 不停利 讓資產慢慢長大

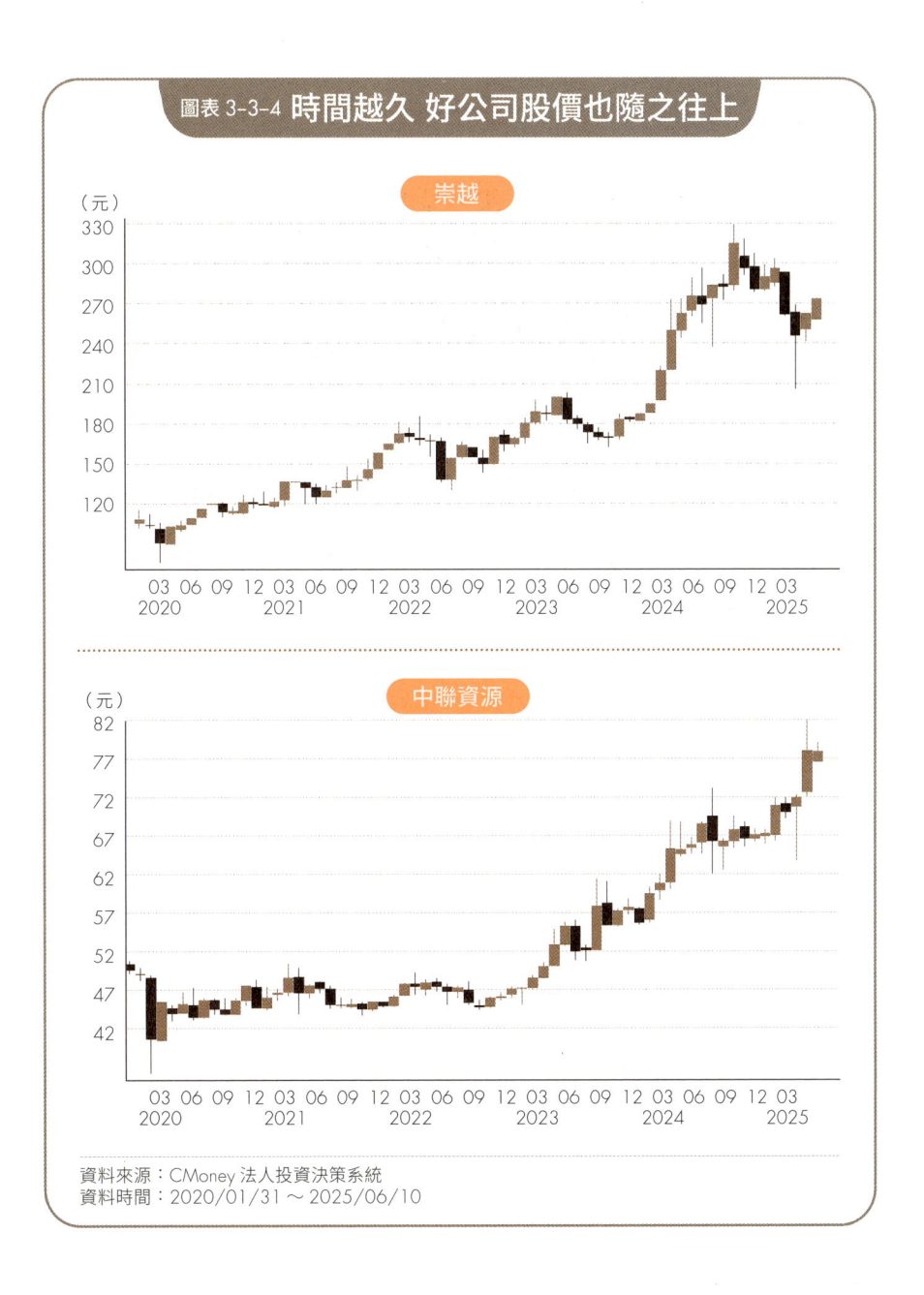

圖表 3-3-4 時間越久 好公司股價也隨之往上

崇越

中聯資源

資料來源：CMoney 法人投資決策系統
資料時間：2020/01/31～2025/06/10

3-4 股債配置安心抱股

景氣下滑時,債券提供穩定收益,減輕財務壓力;股票則在市場回升時帶來成長機會。股債配置能有效平衡風險與報酬,降低市場波動對資產的影響,理解債券評級與風險,有助於投資人制定穩健策略,確保長期財務穩定。

在資產配置中,股債配置是一個很常見且被廣泛接受的策略,主要目的是在風險和回報之間取得平衡,以達到長期穩定的投資效果。

股債配置的核心在於結合股票(高風險、高報酬)與債券(低風險、低報酬)2種不同類型的資產,來降低整體投資組合的波動性,並在不同的經濟週期中發揮攻擊與防守2種不同的功能。

投資組合中加入債券 減少資產波動幅度

　　雖然我分散配置不同產業的個股，已有降低整體市值波動性的作用，但畢竟再怎麼分散在不同個股之間，股票整體的波動性還是相對大於債券，特別在市場上有恐慌的情緒出現時，往往會出現多殺多或無差別下殺的現象。

　　2024年8月2日跟8月5日兩天大盤下跌了2,811點，跌幅約12%，就是個很好的例子，可以試著回想一下，當下自己的情緒是恐慌、害怕、淡定還是見獵心喜。若是恐慌或不安的朋友，那麼就適合在自己的資產裡配置一定占比的債券ETF，我認為有以下幾項優點：

1. 風險分散

　　股票和債券的特性截然不同，投資人在初期累積資本時，透過高占比地持有股票資產會具備較高的資產增長潛力，但當資產累積到一定的程度，或許幾百萬、上千萬，依每個人的風險承受度不同，此時就必須正視高波動性帶來的風險。

　　債券ETF在股票市場多頭期間，對於整體的報酬，無疑是拖油瓶，但我們都知道市場是有週期性的，多空循環是必然的現象，此時債券ETF就能提供穩定、價格波動小，且相對穩定的利息收益。

將這 2 種資產組合起來，減少單一市場波動對整體資產的影響，就能有效分散風險。

2. 對抗經濟衰退的能力

股債配置的另一大優點在於它的防禦性特質。當經濟景氣下滑或股票市場表現不佳時，投資人通常會轉向更為保守的資產，如政府債券或高評級公司債券，這些資產在不確定時期提供了避險作用。因此，債券在經濟衰退期能夠穩定資產，對抗股市的波動，幫助投資人減少損失。

當經濟衰退時，上班族面臨工作量變小、沒有加班費可賺、獎金縮水，甚至還有可能放無薪假，讓原本看似穩定的薪資收入出現了許多不確定性。若透過持有一定占比的債券 ETF，能有相對穩定的債息收入，讓投資人整體的資金運用彈性增加，不論是要進場撿便宜或是要拿來補貼房貸、日常開銷或小孩安親班月費，甚至空頭來臨也不至於有資金週轉的問題。

3. 心理穩定

在投資的過程中，最重要的事之一就是長期在股票市場裡存活，不要被劇烈的波動嚇跑，這樣才能享受到複利的威力，故心理的穩定對於長期投資是相當重要的。

當資產的波動度較大時，投資人可能會因情緒波動而做出

不理性的投資決策，例如在市場恐慌且相對低點時賣出股票，這是很常見的事，而股債配置能夠有效減少投資組合的波動，幫助投資人在市場波動中保持冷靜和理智，減少心理的負擔，也避免情緒化操作。

配置前 先了解債券的評級與風險

全球 3 大債券信評機構分別是是穆迪（Moody's）、標準普爾（S&P）和惠譽國際（Fitch Ratings），這 3 家信評機構在全球金融市場中扮演著關鍵角色，它們的評級影響著投資人對債券的風險評估。

債券評級可以分為「投資等級」和「非投資等級」，這是根據發行債券機構的財務狀況和信用風險所給出的評價（見圖表 3-4-1），其中 AAA 為最高評級，表示發行機構的財務狀況極為穩健，違約風險幾乎不存在，例如美國國債、德國國債與微軟公司（Microsoft）等。

從 AA 到 CCC 中都各再細分為 3 個等級，目的是用來更精確地反映發行機構的信用狀況。投資人可以簡易地記 **BBB 以上為投資等級債券**，而從 **BB 開始向下都是屬於風險較高的非投資等級債券或稱為高收益債與垃圾債**。

圖表 3-4-1 **債券的評級分類**

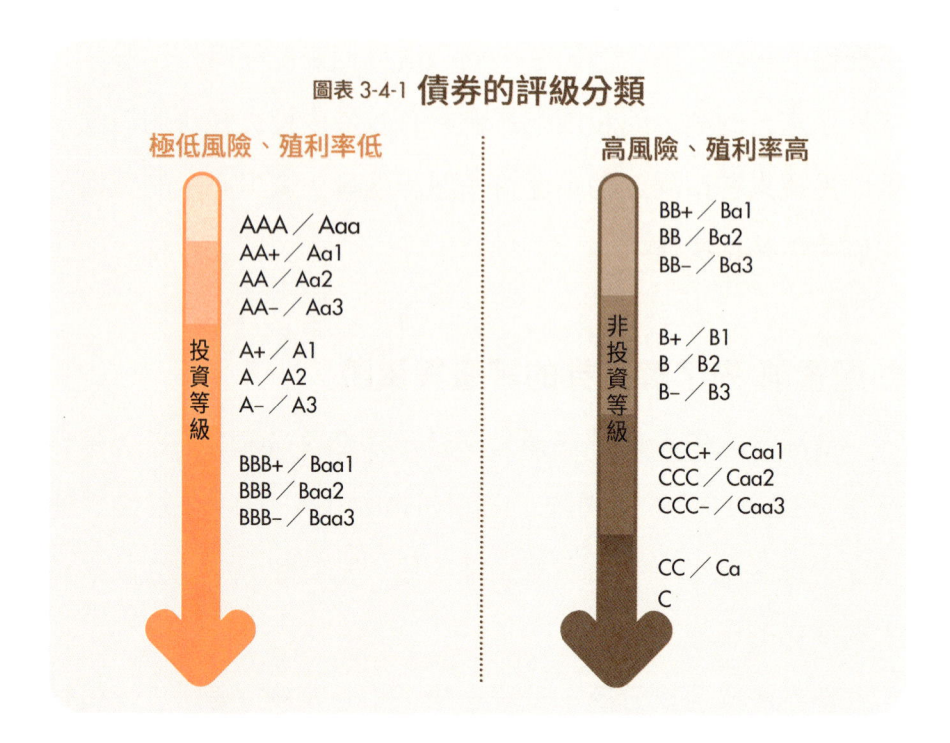

極低風險、殖利率低

投資等級
- AAA／Aaa
- AA+／Aa1
- AA／Aa2
- AA-／Aa3
- A+／A1
- A／A2
- A-／A3
- BBB+／Baa1
- BBB／Baa2
- BBB-／Baa3

高風險、殖利率高

非投資等級
- BB+／Ba1
- BB／Ba2
- BB-／Ba3
- B+／B1
- B／B2
- B-／B3
- CCC+／Caa1
- CCC／Caa2
- CCC-／Caa3
- CC／Ca
- C

在進行股債配置時，債券評級是重要的考量因素之一。評級越高代表著違約的風險越低，也意味著殖利率較低；相反地，評級較低的非投資等級債券，因承受違約的風險相對高，所以發行債券的公司需要給出的殖利率也相對高，才能吸引投資人。

當經濟衰退期間，企業獲利減少，股票市場易有大幅度的回檔，而非投資等級債也因為發行企業的體質較差，對抗經濟衰退的能力較弱，造成該債券的價格與股票同向下跌，難以對

投資人的整體資產產生保護作用。故要平衡資產波動性的股債配置，還是選擇投資等級債會較適合。

投資等級債券

這些債券的風險相對較低，由信用評級較高的公司或政府機構發行。債券評級從 AAA、AA、A 到 BBB– 屬於投資等級債券，代表該公司或政府具備強大的償債能力。

這類債券在經濟下行時能夠充當避險資產，其波動性小於股票，因此在股債配置中，債券一般指的是這些投資等級債券。雖然都是屬於投資等級債券，但若要在這當中享有低風險與相對高一點的殖利率，可以選擇 BBB– 評級以上的債券 ETF（見圖表 3-4-2）。

圖表 3-4-2 **BBB– 評級以上的投等債 ETF**

代號	名稱	篩選評級	收益分配
00740B	富邦全球投等債	BBB 以上	每月
00937B	群益 ESG 投等債 20+	BBB– 以上	每月
00720B	元大投資級公司債	BBB– 以上	2、5、8、11月
00773B	中信優先金融債	BBB– 以上	每月
00933B	國泰 10Y+ 金融債	BBB– 以上	每月
00724B	群益投資級金融債	BBB– 以上	2、5、8、11月
00725B	國泰投資級公司債	BBB– 以上	2、5、8、11月
00862B	中信投資級公司債	BBB– 以上	1、4、7、10月

美國國債

我的投資配置中，債券 ETF 除了上述說明的投資級公司債，另外還有美國國債，這 2 種債券都是相對安全的資產，風險較低，但兩者之間仍有一些差異。

在美國國債中，可以分為短天期與長天期，前者是指 1 年期以內到期的債券，而後者指到期時間還有 10 年以上的債券。

● **長天期公債 ETF**

提到長天期公債就需要先說明「存續期間」這個指標，它是一個衡量債券對利率變動敏感度的指標，其數值越大，表示債券對利率變動越敏感。例如，若債券的存續期間為 20 年，那麼當市場利率上升 1% 時，債券價格預計會下跌約 20%；同樣地，利率下降 1% 時，債券價格預計上漲約 20%。

另一個角度來看，存續期間可以理解為債券回收本金和利息的平均時間，同時反映了投資人能夠收回資金的時間長短。存續期間長的債券適合在利率穩定或下降的環境中投資，因為它們能提供較高的資本增值潛力，此外，在經濟不景氣時，長天期公債 ETF 因為其避險特性，往往成為投資人的避風港，價格表現通常相對穩定或上升。

● **短天期公債 ETF**

　　短天期債券的存續期間短，對利率變動不敏感，當利率上升時，這類型的 ETF 價格波動小。因此，在升息週期中表現更為穩定。在股票市場不穩定時，將資金轉向至短天期公債 ETF，可以具備保護性，但與長天期公債相比，其利率較低。

3-5
小資族該不該先買房？

通膨推升房價，使房貸者受益，租屋者則可能面臨租金上漲壓力。擁有房屋不僅是居住選擇，更關乎資產配置與財務穩定，無論選擇購房或租房，理解財務風險與通膨影響，才能穩健規劃未來。

該存股還是該先買房，每個人的看法不同，沒有標準答案。我的想法是，在頭期款準備充足且房貸占家庭收入 30% 以下的情況下，擁有屬於自己的房子，是很不錯的事，感受會與租屋差很多，特別是有了家庭之後，自己的房子讓我更有「家」的感覺。

因為資金有限，為了準備頭期款與裝潢費用，我賣出了大部分的股票，有些人會認為如此一來投資就中斷了很可惜，不

過我認為雖然房子是自住，但它也是一種投資，而且一般是 5 倍槓桿的投資（頭期款 20%）。房子沒有出租無法「直接」產生現金流，但它是容易增值的資產。

房地產可以透過第二順位貸款（俗稱二胎）或增貸來活化資產，但使用這 2 種槓桿工具的首要條件是，對投資理財要有一定程度的認知且把風險放在獲利前面，其次是家庭的現金流能力也需要向上提升，因為在活化資產的同時，每個月的還款金額也跟著增加。

假設房子可以增貸出 300 萬元，以利率 2.2%、30 年計算，本息平均攤還，每個月需要繳 11,391 元，每個月除了原本該繳的房貸，還需要再繳 11,391 元，若兩者金額加起來超出家庭收入的 30%，那就要考慮清楚了。

不要為了想要槓桿加速資產累積，反而把生活過得太緊繃。股市在大多頭的時代，有不少槓桿投資成功翻倍再翻倍的故事，但有更多的是遇到股市反轉時，資產大幅回檔，心態承受不住資產縮水的壓力而砍在相對低點。

通膨會讓房屋增值 卻會增加租屋客的負擔

房貸者通常能從通膨中獲益，特別是台灣的房貸利率大約

落在 2% 多，對於貸款人算是較友善的利率。通膨與經濟的增長通常會伴隨著收入增長，家庭的收入也容易隨著時間而提高，如果利率維持緩慢爬升或不升息的情況，房貸的還款壓力相對而言就會越來越輕。此外，房地產被視為傳統的抗通膨資產，因其價值通常能隨著通膨而上升。

隨著通膨推高物價，房地產價格通常也會隨之上漲，意味著房貸者的資產（房屋淨值）實際增值，而負債實值縮小。要注意的是，通膨期間，央行若是提高基準利率以抑制通膨，那麼也會增加月付款，一般房貸利率＝定儲指數（月/季）＋加碼利率，因此房貸利率會隨市場利率變動而調整。

租屋者在通膨環境下通常處於不利地位，因為租金通常會反映市場供需和物價的變化，隨物價上漲而增加，在高通膨環境下，房東會因應生活成本增加而提高租金，尤其是在租房需求旺盛、供應不足的市場。

租屋者與房貸者不同，租屋者無法享受房地產價格上漲帶來的資產增值。同時，隨著房價上漲，購房的門檻也會提高，使得租屋者更難轉變為購房者。但租房的優點是靈活性高，可以不受限於區域性，無需承擔房屋維修費和房貸利率風險。

通膨對房貸者和租房者的影響截然不同。房貸者能因資產

增值而受益，而租屋者則面臨租金上漲的壓力，對於長期財務規劃，房貸者更有可能在通膨環境中累積財富，而租房者則需要靈活應對租金上漲的挑戰。無論選擇購房還是租房，了解通膨的影響是保障財務穩定的重要一步。

從「領股息」到「收租金」的體悟

這邊我也來分享一下，自己當房東的心得，會想要將部分股票資產轉移到房產上有幾個原因，包含：房產價格相對穩定、分散配置資產、體驗股東與房東的差別。在還沒當房東前，看過許多前輩分享股東才是最開心的職業，當房東可能要勞心又勞力，但光只是聽聽，根本沒感覺，所以還是想親身體驗一下領股息跟收租的差別。

結果沒幾個月，就真切感受到兩者的不同。一邊是每季或每年固定時間入帳的股息，另一邊則是需要親力親為的租賃管理，雖然已有初步篩選房客，但無可避免的還是有可能遇到各種五花八門的問題，例如冷氣壞掉、店面招牌被颱風吹走、租客抽菸被投訴、租客水電天然氣沒繳、租客想分租減輕房租壓力等。這些事情雖然有點麻煩，但大多花點時間溝通或花錢就能解決，算不上什麼大問題。

真正讓我有感觸的，是「房租繳款時間」這件事。當初租約寫得很清楚，房租需在每個月月底前支付，然而，月底到了，租金卻沒入帳。

房客：「房東，我 5 號才領薪水，可以改成 5 號匯款嗎？」
我：「好的，沒問題。」

沒想到 2 個月後，情況又變了。

我：「你好，今天 6 號了，房租要記得繳喔！」
房客：「不好意思，我換工作了，新公司 10 號才發薪水，可以改成 10 號匯款嗎？」
我：「好的，沒問題。」

這時候我才意識到，這不是單純的晚繳，而是一種「把別人的理解當作理所當然」的行為。如果我是靠這筆租金來支付房貸，房客的一句「沒辦法」就能讓我陷入資金短缺的困境，這其實是一種自私的行為。問題不在於錢，而是態度與信用。

信用與責任感其實就是一個人的無形資產，許多年輕人剛進入社會，薪資不高，負擔房租與生活開銷確實不容易，我能

理解並願意給予彈性，但負責任的態度才是決定一個人未來發展的關鍵。一個人不能因為自己有困難，就讓別人去承擔後果，尤其當你答應了某件事，就應該想辦法做到，而不是到了時間才告知「沒辦法」。

▎不論職場或理財 信用與態度才是成功的關鍵

這其實也就像職場的工作態度，一個負責任的員工，會在期限前確認自己是否能完成工作，若遇到困難，會提前提出解決方案，而不是在最後一刻告知老闆「對不起，我沒辦法交報告」。一個值得信賴的朋友，也會守約定，而不是臨時找藉口取消計畫。

這也讓我想到，有些企業在評估求職者時，會查詢應徵者的信用紀錄，如果長期有貸款違約紀錄，代表此人沒有良好的財務管理能力與責任感，這會影響他獲得工作機會的可能性。

房客的行為讓我深刻體會到，很多時候，影響一個人能否成長的，不是資源多寡，而是他面對問題的態度。不負責任的人，當問題來臨時，會逃避、找藉口，或希望別人理解並幫忙解決。負責任的人，則會積極尋找解決方案，即使困難，也會努力完成自己的承諾。

「做事的態度，決定未來的高度」，如果我們習慣用逃避的方式處理問題，那麼日後遇到更大的挑戰時，只會陷入更深的困境；相反地，如果我們願意主動找出問題、面對問題、解決問題，未來的道路才會越來越順暢。

這次的收租經驗，讓我見識到「領股息」與「收租金」的差別，也更深刻體會到信用與責任感在現實生活中的重要性。投資理財不只是關於金錢的增長，更是一種對人生的態度。無論是職場、投資，還是人際關係，願意承擔責任、守信履約，才是長久成功的關鍵。

Note

第 4 章
槓桿下的長期財富管理

4-1 打造專屬的自組 ETF
4-2 長期投資 可以「正」不能「反」
4-3 在對的趨勢中找到好標的
4-4 如何判斷何時該停損？
4-5 在對的時間 買到對的股票
4-6 成為全職交易人要有的 5 項準備

4-1
打造專屬的自組 ETF

合理使用槓桿與基本面選股相輔，搭配長期持有與資金分散，自組 ETF 也能穩健滾錢。即便遭遇股價修正，只要公司體質未變，仍能安心抱股、提升資產效率與穩定成長。

前文提過，雖然槓桿常被視為高風險的投資工具，但若資產配置得當，卻能成為長期財富增長的加速器。關鍵在於合理的槓桿比率、穩健的現金流管理，以及資產風險分散，讓槓桿不再是極端選擇，而是資產配置的一環。

透過精準的資金調配與紀律性的投資策略，即便使用槓桿，也能在市場波動中穩健前行，實現長期財富的穩步增長。

基本面選股 儘量只買不賣

我是秉持長期持有的投資人，在買入股票的同時並不會設定要持有多久，最好是只買、盡量不賣，就算要換股也不該在短時間內換股，因為公司的營運體質不像股價一樣，每天都會有高高低低的變化。

公司從與客戶洽談、接單、生產製造、測試檢驗到最後出貨看到營收，需要一個週期，這個週期的長短又因不同產業而有不同，另外研發新產品到量產，往往也不是幾個月就能看到成果，若這些週期都還沒走過，只是持有幾天或幾個星期就覺得股價漲不動，其實很多時候都是市場當下的情緒造成的結果。

巴菲特曾說：「如果你不想擁有 1 檔股票 10 年，那麼 10 分鐘都不要擁有。」10 年與 10 分鐘就是用來比喻長期投資的態度。

我認為做好基本的功課，看過去股東權益報酬率（ROE）與每股盈餘（EPS）的表現，決定持有後，除非該公司有爆出一些不可預期的重大利空，例如內線交易、財報造假或嚴重虧損等事件，不然抱個 2～3 季以上、邊買入邊觀察，才是比較不會錯過好公司的做法。

在我 2024 年換股的案例中，禾瑞亞（3556）持有接近 5 年，報酬約 60%，長興（1717）持有接近 3 年且陸續加碼，最終報酬約 –2%。換股的主要原因是 2023 年 2 家公司的 ROE 與 EPS 都有大幅衰退，且 2024 年的前 2 季仍沒有較明顯的回升，考量讓資金更有效率成長的前提下，進行換股。

在圖表 4-1-1 與圖表 4-1-2 中可以看到，2 家公司在 2019～2022 年的 ROE 都是＞10%，且公司長期獲利（EPS ＞0），符合我篩選個股的門檻，基本上買進後就不會想著要賣出，即使持有期間禾瑞亞曾經飆漲到 120 元亦是如此，沒有停利。

因為不是重押所以可以抱得很安心，禾瑞亞從 120 元再跌下來也不會因為少賺幾萬元而難受，因為**持有好公司的目標本來就不是為了賺幾萬元，而是資產跟著公司的獲利穩定成長**，不需要勞心又勞力反覆買賣，這種「後知後覺」的投資方法，我覺得很適合多數的上班族。

朋友會問，那怎麼不早點賣，都等到跌那麼多了再來賣？因為基本面與股價並不會同步，在還沒確定公司的基本面變差之前，股價的高高低低並不是我賣出的依據。

4-1 打造專屬的自組 ETF

圖表 4-1-1 禾瑞亞 2023 年 ROE 與 EPS 大幅衰退

持有時間 2019/09 ～ 2024/08

年度	ROE（%）	每股淨值（元）	EPS（元）	現金股利（元）
2014	18.5	21.5	4.36	4.3
2015	18.3	20.8	3.95	3.7
2016	16.5	19.8	3.32	3.7
2017	17.6	19	3.51	4.1
2018	16.5	18.2	3.29	3.3
2019	14.9	18.2	3.29	3.3
2020	19.9	18.7	3.77	3.15
2021	29.3	21.2	5.85	5
2022	23.7	20.8	5.12	4.7
2023	**4.6**	**17**	**0.97**	**0.9**

資料來源：CMoney 法人投資決策系統

圖表 4-1-2 長興 2023 年 ROE 與 EPS 大幅衰退

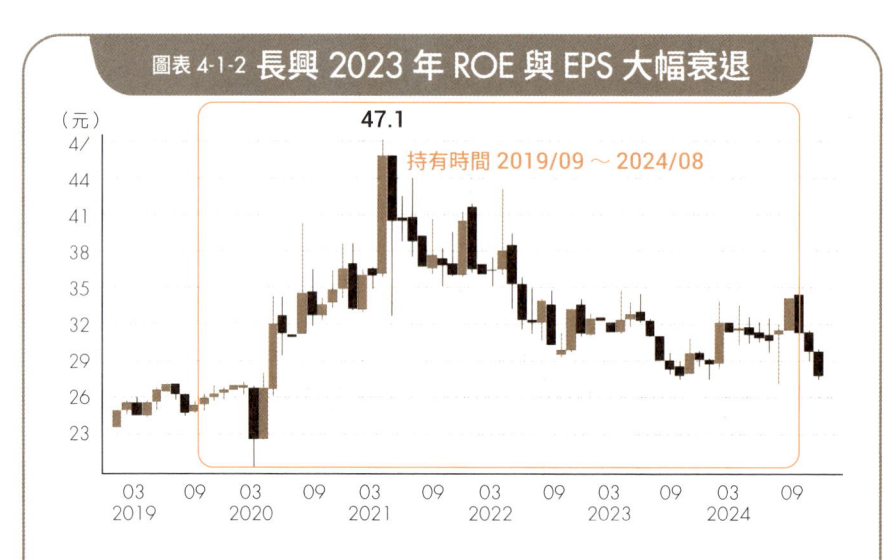

持有時間 2019/09～2024/08

年度	ROE (％)	每股淨值 (元)	EPS (元)	現金股利 (元)
2014	11	21	2.26	1.8
2015	13	21.4	2.6	1.5
2016	11.9	18.7	2.27	1.5
2017	8.8	17.7	1.54	0.5
2018	7	16.9	1.25	0.9
2019	11.2	17.3	1.99	1.4
2020	11	18.4	2.05	1.5
2021	14.6	19.5	2.86	1.5
2022	10.5	21	2.15	1.2
2023	**5.9**	**21**	**1.28**	**0.8**

資料來源：CMoney 法人投資決策系統

我們要有一定的認知，就是透過基本門檻篩選出來的股票，並不是每一檔都一定能穩賺，它代表的意義是過去表現的不錯，可作為未來表現的參考，而不是代表未來也一定就能複製過去的成績。當持有公司在幾季內表現不容預期，就可以考慮把資金移到體質較佳的公司，來提升自己的投資報酬率。

打造讓自己能安心獲利的投資組合

巴菲特曾說，以長期投資來看，他的績效無法超越 S&P 500 指數報酬，那麼想要財富增值，投資大盤型 ETF vs 自組 ETF（投資個股），哪個比較好？

指數型商品例如元大台灣 50（0050）或是元大 S&P500（00646）無疑都是很棒的投資標的，當對自己選股還沒有太大的把握或是對選股沒有興趣時，可以從指數型商品著手。

依回測時間點與時間長度的不同，兩者的 10 年至 20 年的年化報酬率約有 7%～10%，以長期而言，這是吸引人的回報，但這是單筆買入並持續持有的報酬，多數投資人無法在剛出社會工作時，就有一筆可觀的資金來單筆投入，都是隨著時間定期定額或是不定期不定額加碼，如此一來，報酬約在 5%～6%，對比將錢放在銀行定存，這仍是個不錯的數字。

雖然我喜歡用自組 ETF 的方式來投資，但我從不會認為指數型商品有什麼不好，只是沒那麼適合我。因為我對自己選股比較有興趣，投資對我而言不只是一項獲利的工具，重點是它能提供我成就感，越做越有興趣。

我的自組 ETF 概念就是將獲利穩定的公司組合在一起，打造一個適合自己的投資組合，透過「低位階時分批加碼」、「高位階則觀望不停利」、「不論指數高低都持續買進」的方式，期待報酬能優於定期定額指數商品。

我知道這不容易，而且也不能只看 2～3 年的短時間，投資是一場無限賽局，每個人都需要找到適合自己的投資方式，讓自己在這過程中感受到樂趣與成就感，才能夠長期持續。此外，只有選擇無壓力的投資策略與配置，才能安心地將可用資金全力投入，獲取最大的報酬。

當然指數型商品投資與自組 ETF 並不是非黑即白，自組的投資組合可以依自己的喜好配置。我的投資組合以台股的個股為主，但為了分散地理性的風險、降低系統性風險，例如政策變動、地緣政治風險等，並參與全球半導體科技發展帶來的紅利，我也配置了元大 S&P500（00646）、富邦印度（00652）、統一 FANG+（00757）、國泰費城半導體

（00830）、中信上游半導體（00941）、台新日本半導體（00951）等追蹤國外指數的 ETF。

　　分散持有優質公司股票和有潛力的 ETF，可以有效降低投資組合的波動性，並在市場出現較大回調時減少恐慌。這樣的策略有助於投資人在市場中長期堅守，不易錯過重要的資產增長機會。

4-2
長期投資可以「正」不能「反」

正 2 型 ETF 可作為長期投資工具，但波動大、槓桿特性高，須嚴控持股比例與心態；反向 ETF 不宜長抱，容易陷入虧損。投資這類商品前須先完成信用戶開立與風險測驗，理解槓桿風險之後再進場。

拉長時間來看，台股指數都是一直在向上墊高（見圖表 4-2-1），故台股正 2 型指數商品用於長期投資也值得投資人參考。

正 2 型 ETF，顧名思義就是理想上賺賠都是 2 倍，但追蹤上可能會有些許誤差，這誤差可能來自內扣費用、統計的期間、原型指數的波動率等。

投資正 2 型商品的波動度相對大，簡單來說就是賺起來很

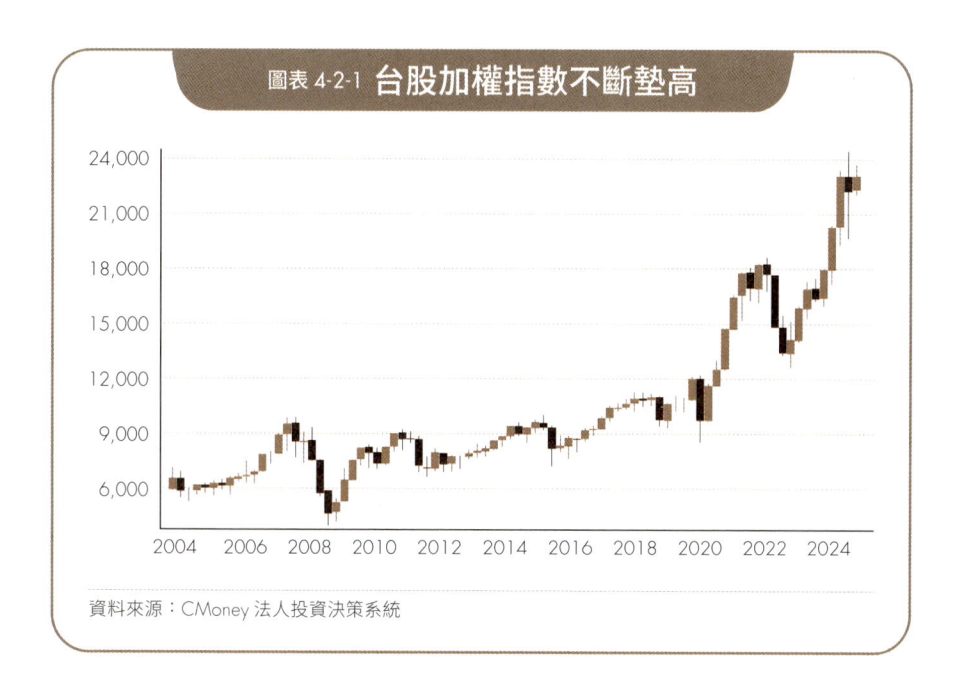

4-2 長期投資 可以「正」不能「反」

圖表 4-2-1 台股加權指數不斷墊高

資料來源：CMoney 法人投資決策系統

有感，但跌下來也會讓人很不舒服，舉例來說，台股加權指數在 2024 年 8 月 2 日收盤下跌 1,004 點，跌幅 4.43%，元大台灣 50 正 2（00631L）跌幅 9.5%，同天日經指數（NKI）下跌了 2,216 點，跌幅 5.81%，富邦日本正 2（00640L）跌幅 11.35%。

雖然元大台灣 50 正 2 從 2023 年收盤價 151.2 元開始，到 2024 年 8 月 2 日收盤價 219 元，仍有上漲 44.8%，但一天就能回檔近 10%，若非心態穩健與配置適當，回檔的當下很容易因為承受不住獲利回吐或虧損加劇而賣出部位。

▋不要用正 2 投機 搞懂風險再進場

投資正 2 商品到底可不可以？好不好？我認為以股市長期都是向上的趨勢而言，並沒有不行，只是投資的部位要拿捏好，整體正 2 的部位不適宜占比太大，以免大起大落的波動影響到情緒，且正 2 本身的特性要先搞清楚。

正 2 槓桿型 ETF 的本質是期貨，它們的管理費用也會較原型 ETF 來得高，有一派投資人的說法是，管理費太高，不適合長期持有，只適合用來做短線的價差。我覺得這個觀點適合用於對自己的操作和判斷有信心的人，因為要從「短線」中持續穩定獲利，一直以來都是相對困難的事。

我認為正 2 商品的操作，仍要偏長線的思維，雖然獲利會被管理費用吃掉一些，但實質的報酬率在長線多頭的市場，例如台灣或美國，仍是高於原型 ETF。

因為正 2 本身就是槓桿商品，若是使用融資或是槓桿來的資金買進正 2 商品，或是將正 2 進行質押再把錢借出來，也就是所謂的「槓上加槓」，此屬於更為激進的做法，一般較不建議這樣做，因為若遇到大的波動，心態上會比較難承受。

在投資前需先想好風險，再想著賺錢。透過投資組合占比的控制、不在市場樂觀的時候買進（股價與月、季線正乖離太

大）、分散時間買進、長期持有，以及在 VIX 恐慌指數升高時補點貨，都是不錯的方法。

台股長期向上 長抱反 1 恐越抱越跌

如上述，也正是因為台股指數都是一直在向上墊高，故反向台股指數的商品價格幾乎都是一直在下降。

大部分的反向型指數 ETF 的價格都在 10 元以下，投資人千萬不要覺得這樣「很便宜」就輕易買進，看元大台灣 50 反 1（00632R）的走勢就能明白，若長期持有它，絕對會是一個很慘痛的經驗。

元大台灣 50 反 1 與元大台灣 50 正 2 於 2014 年 10 月同步掛牌上市，發行價都是 20 元，由於台股長期趨勢向上，反向 ETF 元大台灣 50 反 1 價格整體呈下跌走勢，直到 2024 年因價格過低實施反分割。

小教室

VIX 恐慌指數：又稱為「波動率指數」，是衡量市場對未來 30 天美股波動預期的指標，由芝加哥期權交易所編製。當 VIX 數值上升，代表市場恐慌情緒升高；數值下降則顯示投資人情緒較穩定。

人類的科技持續發展，都是推動股市向上的動力，且政府是多軍的擁護者，沒人希望景氣衰退。股市過度樂觀時會遇到修正，這是必然的，但修正都是相對短暫的，自然也就沒有長抱反1的道理了。

圖表 4-2-2 元大台灣 50 反 1 反分割前整體呈下跌走勢

資料來源：CMoney 法人投資決策系統

小教室

反分割：是指將多股合併為 1 股，使股價上升，而持股數則等比例減少。這種做法不影響投資人的總資產價值，但能提高股價，使股票回到較有交易效率的價格區間。

槓桿操作 就算是 ETF 也需要申請信用戶

在琳瑯滿目的 ETF 中，大方向可分為原型、槓桿型與反向型 ETF，投資人可以從 ETF 的代號尾碼來辨別。

槓桿型 ETF 的代號尾碼為「L」，常見的槓桿型 ETF 如元大台灣 50 正 2（00631L）、元大美債 20 正 2（00680L）、期街口布蘭特正 2（00715L）、富邦臺灣加權正 2（00675L）等。

反向型 ETF 的代號尾碼為「R」，常見的反向型 ETF 如元大台灣 50 反 1（00632R）、富邦 NASDAQ 反 1（00671R）、期元大 S&P 原油反 1（00673R）等。

其中槓桿型與反向型必須符合 3 大要求，才具備購買的資格，分別是交易經驗、風險預告書與交易檢核表測驗通過。

1. 交易經驗

槓桿型與反向型 ETF 相較於原型 ETF 風險較高，主管機關認定需要有一定交易經驗的投資人才可以購買，在以下 3 個項目中，滿足任一項即可。多數投資人較難滿足權證、期貨或選擇權交易，故以「開立信用戶」著手相對容易達成，開立信用戶的條件為：(1)開戶滿 3 個月；(2)近一年交易 10 筆以上且買賣金額合計達 25 萬元。

- 已開立信用戶
- 最近一年內權證交易 10 筆且交割完成
- 最近一年內期貨或選擇權交易 10 筆

2. 填寫風險預告書

其全名為「指數股票型基金受益憑證買賣及申購買回風險預告書（槓反 ETF）」，多數的證券 App 有線上簽署的功能，可以尋問營業員，若沒有提供線上簽署，則必須至臨櫃辦理。

3. 交易檢核表測驗

從 2021 年 12 月開始，首次交易槓桿或反向 ETF，新增了此「槓桿反向指數股票型期貨信託基金受益憑證交易檢核表」，此項測驗共有 17 題，皆為是非題，必須全部答對才合格，不過不需要太擔心，測驗次數無上限，投資人多點耐心要過關是沒有問題的，多數證券可至 App 線上測驗。

4-3
在對的趨勢中找到好標的

半導體是 AI 時代的核心產業，掌握趨勢並分散布局能提升投資勝率，即使股市震盪，透過 ETF、零股與債券配置，長期持有對的標的，仍有機會穩健增值、資產上升。

在我第二本書《自組 ETF 邊上班邊賺錢》中，第 4 章節提到半導體的投資機會，當時提到的很多個股在這 1、2 年來都有不錯的表現，不是因為我很厲害，而是因為這就是個明顯的趨勢，在對的趨勢中找到好公司，勝率高且獲利也會不錯。

所以這邊我想再多論述，為什麼講到股票投資絕對不能錯過半導體相關行業，因為這真的對資產的增長很重要。我跟不

在這個行業的朋友聊天，其實他們對 CoWoS 先進封裝、3DIC（3 維積體電路）等，一點感覺都沒有，在投資的過程中，自然也就不會鎖定相關的公司。

半導體是現代科技的核心

半導體包含的範圍很廣，也是現代科技的核心，從電腦、智慧型手機、電動車、5G 設備到 AI 相關的電子產品，都與半導體息息相關，從上游到下游，它是一種產業鏈、一個生態系，而不是單純幾家公司的事而已，換句話說，其實想要跟上 AI 趨勢的投資，不論是直接或是間接，機會是很多元、多樣化的。

但要注意的是，半導體特別是 AI 相關個股，當市場上大家都很看好其發展時，在萬里無雲的情況下，本益比會被市場的資金與情緒一直向上堆，然而只要有一點點雜音出現，例如月營收不如預期、產品出貨遞延、毛利率降低等疑慮，那麼股價就容易有大起大落的現象。

所以我雖然覺得半導體到 2026 年都是一路看好，但我不會重押在單一個股上，而且也不會追高買上去，而是等到市場上有修正的訊號出現時，再左側交易零股慢慢加碼。

AI 正處於快速發展的階段，其相關的個股股價波動相對大，若單一個股的占比過大，很容易影響到自己的心情，也容易抱不住，所以分散式持有，才能降低心裡的負擔。

台灣的 AI 投資機會，是以台積電為首，再向外擴散至其他的供應鏈，包含了設備商、材料商、廠務工程、封裝與測試商與製程氣體供應商等。在《自組 ETF 邊上班邊賺錢》一書中有提過，這邊就不再贅述。

我覺得國外半導體的投資機會，可以透過 ETF 來分散式持有不同個股。半導體產業有「大者恆大」的特性，小公司或是新創公司很難在短時間內超車或是取代現有的供應鏈。

2025 年第 1 季的股市壟罩在川普的關稅政策、台積電到美國設廠議題與美國經濟衰退的疑慮等因素，讓已火熱很久的 AI 熱潮降溫不少，對於許多科技股或是半導體股占比較高的投資人，整體持股市值更是有感地縮水約 10%～20%，而他們正是 2023 年與 2024 年市值增長最有感的一群人。

反觀我自己的持股市值，在第 1 季約在 ±2% 左右跳動，因為我的分散持股帶來的保護，當然這樣的分散也有缺點，就是讓我在 2024 年並未享受到 AI 潮流所帶來的資產大幅增長。股市就是這樣，有一好就沒兩好，很難做到漲的時候全部跟

到，而跌的時候完全閃掉，要認清自己的個性適合走保守路線或是激進路線。

對於 2025 年第 1 季科技股的下殺，反而是零股買進的好機會，以台積電為例，其 3 月份跌回 3 位數，當時各大券商預估的平均 EPS 約為 60 元，以 3 月 14 日收盤價 959 元來計算，本益比約 16 倍，回顧 2024 年的台積電，本益比幾乎都是常態在 20 倍以上，所以在這個期間，零股買進並長期持有是不錯的選擇。

▌股市大跌時可以撿哪些便宜？

在行情不好或是大跌的時候，大概可以參考幾個方向：

1. **指數型 ETF**：例如元大 S&P500（00646）、元大台灣 50（0050）、富邦台 50（006208）、富邦印度（00652）、國泰費城半導體（00830）、富邦 NASDAQ（00662）、富邦越南（00885），這類型的 ETF 基本上就是長期持有，也不用管配不配息，適合在股市大跌時買進，且分批向下買，相對個股安全。

2. **債券 ETF**：這個就看每個人的需求了，保守型、需要現金流、平衡波動的就可以參考。我主要是買進投等債與公債的

部分，投等債例如中信高評級公司債（00772B）、中信優先金融債（00773B）、群益ESG投等債20+（00937B）、國泰投資級公司債（00725B）。公債的話我是選擇長債，例如元大美債20年（00679B）、群益25年美債（00764B）。

3. **主題式的ETF**：這個波動度通常比較大，但如果趨勢正確，例如電動車、AI、半導體等產業，多少持有一些，不要all in，可以適當地感受到不論是上或下的波動，長期下來也能享受到資產升值，例如統一FANG+（00757）、元大全球5G（00876）、國泰智能電動車（00893）、富邦未來車（00895）、國泰數位支付（00909）、中信上游半導體（00941）、台新日本半導體（00951）、群益那斯達克生技（00678）等。拉月線來看，至少都還是左下右上的趨勢。

再來就是選一些市值大、跌深的、有賺錢的公司，不論是ETF、個股或債券，都是以長期持有的初衷買入，對於過程中的回檔，不需要太在意，看對的終究會走到右上角。

買入ETF前還是要做些功課，大略知道裡面包了什麼東西或是了解主軸，抱起來能賺錢而且也會比較安心。

Note

4-4
如何判斷何時該停損？

面對不同產業的景氣冷暖，投資不能靠僥倖。當獲利與股價長期疲弱，就該果斷停損，將資金轉向有成長動能的標的，砍在低點不可惜，重點是建立原則、長期獲利。

台積電因 AI 晶片與先進封裝的大爆發，2024 年股價從年初不到 600 元上漲到破千元，也帶動了大盤指數全年上漲約 6,000 點，但細部看中小型股、傳產股或是櫃買指數卻沒有感受到相同的氣氛。

與 AI 沒有相關的公司，景氣是很冷的，而且已持續了 2～3 年，對於看不到盡頭的衰退，在持股上就必須停損或是降低占比。

從 EPS、ROE 與股價 判斷是否該停損

我的持股比較多元，主要是分散風險、降低市值的波動度，以及不想錯過穩定獲利的好公司，但在 2024 年也停損了不少標的，主要是看到它們獲利與 ROE 有明顯且持續性的衰退。

雖然股價是看未來，看著已發布的財報數字來做評斷，沒辦法每次都做出正確的判斷，所謂「正確的判斷」就是停損後股價仍一直下探。停損後股價就上漲，這也沒關係，因為我們沒有辦法賺超出自己判斷以外的錢，投資的路上，要建立自己的原則與做法是相當重要的。

我的這些持股標的都持有至少 2～3 年以上，我不喜歡太頻繁地更換標的，這樣相對地會需要花很多的時間，另外一點是，我認為企業都會有遇到逆風的時候，不論是新產品的開發或新客戶的擴展都是需要時間的，EPS、ROE 或毛利率衰退，從幾個季度到 1 年的時間內，我都會先列入觀察，不急著汰換。

原因是我們不是每天殺進殺出的投資人，不是為了短期的獲利而投資，不需要因為每月的營收出來不如預期就趕緊換股操作，時間可以幫助我們看清楚公司的競爭力是否下降。

另一個可以快速找出是否該列入停損觀察名單的訊號就是「股價」，怎麼說呢？我的持股有超過 100 檔，我喜歡打開 App 看盤，在看盤的過程中，我對大盤的漲跌與每一檔的股價都會有點印象，若是該檔個股在這 1～2 年的股價都維持在差不多的價格，那我就會特別注意並且去觀察它的財報數字，股價是領先的指標，長期不漲或是下跌一定有它的原因，而原因就會寫在財報數字上，所以找出有問題的公司並不難，也不需要花太多的時間。

停損是找出持股中獲利持續衰退的個股，並將資金移至基期相對低但獲利不差的個股，一般情況下，我手上的現金不會保留太多，若真的找不到標的，長時間而言，我喜歡把資金投入殖利率 4% 以上的美國公債 ETF 或是 5% 以上的投資等級公司債 ETF。

但要注意的是，美國雖然已進入降息的循環，但通膨的影子仍然沒有完全散去，也就是代表要在 1～2 年內降息結束的政策存在變數，一旦市場上的通膨聲再起，影響的就是降息速度，而債券的價格也會有明顯波動，特別是長天期的美債，投資朋友還是要留意，短期就會用到的資金，可以考慮放短天期的美債或是現金。

▌AI、半導體正快速發展

僅管 AI、CoWoS 已紅了 2、3 年，相關的股價也早就都有反映了，但 AI 的世代仍屬於初期發展，這個可以從台積電的先進製程與先進封裝的需求看出來，AI 不是口頭上講講而已、不是一場騙局，更不是個泡沫，是實實在在正在快速發展的科技。

AI 牽涉到的範圍非常廣，從晶片的設計、製造與封裝到末端的機殼、零組件與伺服器等公司，近年來的獲利都可以明顯看出增長，若以台積電為核心，包含了台積電的上、下游與台積電的供應鏈，在近年仍是值得留意的方向。

若覺得本益比過高，可以略過或觀察就好，不要隨意放空這些標的。摩根士丹利證券（大摩）發布「大中華半導體」產業報告指出，人工智慧（AI）熱潮，從 2023～2027 年 AI 半導體年複合成長率（CAGR）將超過 40%，達 2,900 億美元，占全球半導體需求達 35%。

台積電 2024 年第 3 季的法說會提到，含 7 奈米以下的先進製程已占總營收的 69%，這也宣告著 AI 世代已來臨並取代了智慧型手機的時代，由 AI 驅動的高效能運算（HPC）晶片的需求已遠高於消費性晶片。

在全球一片看好的情況下,太過樂觀、本益比太高會出現修正是正常的,但半導體市場進入新一輪的增長期,這是現在進行式,我們都很幸運的能參與這一次的革命,從中找到扮演重要角色的公司,並長期持有它,享受 AI 帶來資產上升的紅利。

為了持續獲利 砍在阿呆谷也沒關係

2024 年底我停損了一些個股,這些公司我都持有至少 2 年以上,我停損的步調一向很慢,一方面是我相信過去表現好的公司,不會那麼容易一蹶不振,所以會多給些等待的時間,另一方面是在分散配置下,即使有開股票質押槓桿,有著維持率的限制,仍可以容忍持股中少數個股有較大幅的回檔,例如 20% ～ 30% 的幅度。

我喜歡盡量只買不賣,但當公司的營運或獲利出現問題,且持續幾個季度,那就要認真思考是否該停損。此次停損的個股都可以看出公司體質有明顯的變差,不論是 EPS 或 ROE 都有持續性地衰退至少數季以上。包含鮮活果汁 –KY(1256)、日友(8341)、福懋科(8131)、盛群(6202)、聚鼎(6224)(見圖表 4-4-1、圖表 4-4-2)。

4-4 如何判斷何時該停損？

圖表 4-4-1 停損後 股價持續下跌

鮮活果汁-KY

日友

資料來源：CMoney 法人投資決策系統
資料時間：2017/01/24 ～ 2025/07/16

圖表 4-4-2 **老吳 2024 年停損標的一覽**

代號	標的	停損日期	停損價格（元）	2025/07/16 價格（元）
2464	盟立	2024/02/15	37.75	55.2
8383	千附	2024/02/15	38.1	39.8
6508	惠光	2024/04/24	31.95	26.7
1323	永裕	2024/04/25	31.1	19.75
1101	台泥	2024/08/19	32.9	23
1717	長興	2024/08/19	29.3	24.55
3556	禾瑞亞	2024/08/19	48.8	37.1
00882	中信中國高股息	2024/08/22	10.95	13.06
00752	中信中國 50	2024/08/22	18.07	22.96
1305	華夏	2024/08/26	17	10.45
3706	神達	20240/8/26	44.1	67.3
6195	詩肯	2024/08/27	38.2	28.05
8341	日友	2424/12/20	87.2	70.8
1256	鮮活果汁-KY	2024/12/20	134.5	116
6224	聚鼎	2024/12/26	58.5	44.85
6202	盛群	2024/12/25	48.85	41.35
8131	福懋科	2024/12/23	28.35	28

或許往後來看，這些公司可能被我砍在阿呆谷，但一開始我是基於公司過往的「穩定獲利」這個因素買進，即使哪天公司體質改變再漲回來，對我而言，已經離「穩定」這件事有點遠了，若要再買回來，就需要再觀察個3～5年的營運表現。

但在存股的過程中，我喜歡先將過去獲利表現不錯的公司，用零股買入持有，並慢慢觀察且加碼，以目前的統計，長期持有後約有1成左右的公司到後來是不符合預期的，經過不斷修正與調整，手上持股留下來的，就會是相對穩健的公司而且分散在不同產業，可以降低波動度。

4-5
在對的時間買到對的股票

從憑感覺交易到系統選股,透過 ROE、EPS、本益比、股價乖離與籌碼變化篩選好公司,再搭配 App 工具提升效率,能幫助上班族輕鬆在對的時間買到對的股票。

在 2014～2019 年我投資初期,當時還沒開始真正進入存股階段,都是做短線的交易,選股與買賣的依據皆是靠感覺、靠線型或是靠別人報明牌,沒有參考基本面,不會去理公司有沒有獲利,用了不適合自己的方法,結果白忙一場,不僅浪費了很多時間,也浪費了好多錢。

直到開始存股才漸漸了解,長期持有好公司不僅可以穩定領股息,股價也會隨著公司的成長而上漲,是適合多數上班族

的好方法。

找出好公司 也要找到好價位

但問題在於怎麼定義「好公司」？每個投資達人都有自己用來判斷的指標，我從 2019 年開始摸索到現在，覺得簡易且有效的指標就是公司的賺錢效率 ROE 與公司的實際獲利 EPS，滿足這 2 個指標持續 3 年以上，那麼就能初步判斷該公司的經營體質不會太差，持續滿足 6 年以上，那就表示體質更趨穩健，當然，股市沒有絕對，後續還是需要持續追蹤。

好公司也要有好價格才值得入手，當買的位階越低，也就代表著勝率越高且報酬率也有機會越高，所以我在選股時除了重視基本面外，也很在意股價的位階，我不喜歡把成本建立得太高，所以在買入前會參考股價與季均線的乖離率，若正乖離超過 10%，就會暫時觀望。

另一個參考的指標是本益比，這邊指的本益比是用股價 ÷ 近 4 季 EPS 的總合，雖然都是同一間公司，但決定本益比的因素很多，例如：

1. 市場的預期：投資人對公司未來表現的預期會影響其願意支

付的價格。如果市場預期公司未來將有強勁的增長，投資人可能會願意支付更高的價格，導致本益比上升；反之，如果市場對公司未來前景持悲觀態度，本益比可能會降低。

2. **利率水準**：利率的高低對本益比有間接的影響。當環境的利率上升時，資金緊縮，可能導致股票價格下跌，進而降低本益比；相反地，低利率的環境通常伴隨著較高的本益比，因為借貸成本低且未來收益更有吸引力。

3. **市場情緒與風險偏好**：市場情緒和投資人的風險偏好會影響股票價格。當市場情緒樂觀時，投資人可能願意支付較高的價格以獲取股票，這會推高本益比，而在市場情緒悲觀或風險偏好下降時，股票價格可能下跌，本益比也會隨之下降。

所以本益比它常常是一個範圍，而股價也就會在這個範圍波動，本益比的優點是我們可以很容易地量化它，例如 10～15 倍本益比跟 35～40 倍本益比，兩個數字在心中就會很快出現「貴」與「便宜」的差異。

再來就是籌碼的流向，觀察股東的人數變化，也可以了解市場散戶與大戶的動向。在市場中，散戶的人數占比相對大戶高出許多，可能高達 80%～90% 以上，但儘管人數眾多，散

戶通常只掌握著較少的市場資金，而大戶的資金與交易量往往占市場的主要部分，不僅如此，大戶的訊息速度與準確性也常常優於散戶。

當股東人數有明顯減少的趨勢，也代表著籌碼越來越集中，大戶願意持續買入，往後股價的表現也存在著潛力。

善用工具 上班族也有時間篩出好公司

從開始踏上存股後，我深知篩選好公司是相對花時間的步驟，特別是我喜歡廣泛地選出相對有潛力與相對穩健的公司，不想只局限於某幾家大廠。

市面上雖然投資理財類型的 App 玲瑯滿目，但同時兼具以基本面為主，再透過股價位階與籌碼的流向為輔的工具不多，所以我希望打造一個簡易操作又能幫助投資人選到好股票的工具，透過此工具的協助，可以大幅縮短投資人篩選股票的時間。

「老吳自組 ETF」App 主要是針對價值投資人進行打造，分別有「積極」、「穩健」與「老吳 ETF」等清單，其中穩健型與積極型都同時考量了基本面、技術面與籌碼面等 3 大面向，適合投資人中長期持有並分批布局。

- **基本面**：指標為 ROE，主要功能在於幫助投資人評估一家公司的經營績效與資本運作效率，可以視為是公司為股東賺錢的效率。在篩選的邏輯上，個股不僅需滿足過去 3～5 年（積極型）或 6 年以上（穩健型）ROE 大於 10%，同時近 4 季 ROE 的和亦需大於 10%。
- **技術面**：指標為股價與季均線的乖離率來判斷股價的位階是否偏高，以中長期持有的價值投資人而言，會盡量避免將成本建立在正在飆漲的個股上，而是找到與季均線乖離率小於 10%，或是跌破季均線的好公司來慢慢買入。
- **籌碼面**：透過籌碼的流向可以幫助投資人了解大戶與散戶的想法，從散戶的角度來看，當散戶退場時，籌碼漸漸集中在大戶手上，對於個股未來股價的發展是正面的，從大戶的角度來看，大戶通常掌握較多資訊，所以參考他們的動向，勝率與準確率也相對高。

透過公式化的選股方式，可以幫助投資人減少很多選股花費的時間與困擾，而「老吳 ETF 清單」是我所觀察適合長期持有的優質公司。

4-5 在對的時間 買到對的股票

圖表 4-5-1 「老吳自組 ETF」App 幫投資人快速篩選好公司

積極

股票名稱	股價	漲跌幅	股東人數季變化%
建錩 3045	50.4	▼-0.20 -0.40%	0.1
恰利電 2497	41.55	▼-0.20 -0.48%	-2.5
新潤 6186	60.3	▼-0.40 -0.66%	21.7
欣巴巴 9906	75.9	▼-0.70 -0.91%	-0.8

穩健

股票名稱	股價	漲跌幅	股東人數季變化%
宇隆 2233	170.0	▲4.00 2.41%	3.2
鈺齊-KY 9802	107.0	▲1.50 1.42%	16.5
儒鴻 1476	419.5	▲4.50 1.08%	28.3
群翊 6664	206.0	▲2.00 0.98%	6.2
儒鼎 3078	84.6	▲0.80 0.95%	8.4
新普 6121	381.0	▲3.00 0.79%	-5.8

老吳 ETF

股票名稱	股價	漲跌幅	股東人數季變化%
鈊象 3293	885	▲10.00 1.14%	10.6
儒鴻 1476	419.5	▲4.50 1.08%	28.3
新普 6121	381.0	▲3.00 0.79%	-5.8
致茂 2360	352.5	▲2.50 0.71%	-8.8
台光電 2383	866	▲6.00 0.70%	-0.8
信邦 3023	223.5	▲1.00 0.45%	8

237

4-6 成為全職交易人要有的 5 項準備

全職交易需做好 5 項準備：控制槓桿、建立生活準備金、分階段轉換、調整股債配置、強化心理韌性，才能降低風險、穩定獲利，真正以投資養活自己。

我的一位朋友 40 歲，過去幾年的投資獲利都有超過工作收入，他想要離開職場成為全職投資人，問我有什麼看法。

少了薪資收入 全職投資更要通盤考量

全職投資與兼職投資有本質上的不同，尤其在槓桿比例、資金控管、股債配置與現金流管理方面，更需要審慎評估以及全面考量，其中包含：

1. 槓桿比例：少了薪資，槓桿應該如何調整？

兼職投資人有穩定的本業收入作為後盾，即使市場短期表現不佳，也不會影響日常開銷。全職投資人則完全依賴投資獲利，因此過高的槓桿可能會增加財務風險，導致市場波動時承受更大的壓力。

故槓桿的比例建議要比兼職投資時更低，例如：若過去槓桿 2～3 倍，全職投資時可以降低到 1.5～2 倍，以減少市場大跌時的財務壓力。市場行情不好時，槓桿會讓回本難度大增，所以應該留有適當的「去槓桿空間」，確保自己在不利時期能夠穩住不受重傷。

2. 資金控管：建立 2～3 年的生活準備金

全職投資人沒有固定收入，所以資金控管要更嚴格，避免在市場低迷時出現資金短缺的情況。不當的資金配置可能會導致流動性風險，例如市場大跌時手上沒有足夠的現金來搶便宜或應對生活開銷，因此要建立 2～3 年的生活準備金，確保市場大跌時不會因為資金不足而被迫賣股。

3. 分階段轉換：先嘗試再投入

不要一下子從本業完全離開，可以先試行 1～2 年，看投資是否能夠穩定支撐生活。在這段期間內，仍然保留本業的彈

性（如兼職或接案），減少轉職的風險。

4. 股債配置：如何降低市場波動影響？

兼職投資人通常可以承受較高風險，因為本業收入可以補足短期虧損，但全職投資人的資產波動直接影響到生活品質，因此應該配置更穩定的投資組合。全職投資應該要建立「核心」與「衛星」投資組合：

- **核心資產**：選擇低波動、穩定回報的資產，例如投資級債券 ETF、配息型或市值型 ETF。
- **衛星資產**：持續參與成長型股票或槓桿交易，但比例較低，以確保波動不會影響整體財務狀況。
- **增加債券部位**：若過去是「100% 股票」，現在可以調整為「70% 股票＋30% 債券」，提高防禦性。投資級公司債、長期美債都是適合的避險工具，尤其當市場大跌時，債券可以提供穩定的現金流。

5. 心理準備：**全職投資比想像中更有壓力**

全職投資人的心理壓力遠大於兼職投資人，因為市場變動直接影響到生活品質。過去「只要做好投資就好」，現在則是「投資成敗＝生活是否穩定」，這種心理負擔可能會影響投資決策，需要先測試市場空頭時的心理承受度。

緩步執行 把心態練穩

2021～2024年，大概只有2022年走了10個月的空頭，其實還不是市場的全貌，可以先模擬1～2年「全職投資」的生活方式，在離職前，先假設自己完全不靠薪水生活1～2年，看看投資收益是否足夠支撐日常開銷，以測試自己的心理韌性、投資收益，以及資產配置是否夠穩健。

若上述某些條件尚未成熟，則可以採取「先試行、後轉換」的方式，降低風險，確保財務自由的同時，也能讓投資的心態更穩定。

結語
投資與生活之間的平衡

「換個位子，換個腦袋。」這句話在不同情境下總能帶來深刻的體會，無論是職場、投資還是人生選擇，當站的位置不同，看到的世界自然也不一樣。當一個人的財富累積到某個程度，對金錢、消費與生活品質的認知也會發生變化，而這並不意味著個性的改變，而是對現實理解的深化。

過去，當我還在累積資產的階段時，所有的選擇幾乎都圍繞著「成本」和「節省」，吃飯時，會優先考慮價格，而非食物品質，看到別人買昂貴的車子或奢侈品，直覺反應是「浪費錢」。

這些想法並非錯誤，而是受到當時的財務狀況與生活需求的影響。當時的目標很明確，就是累積資產，所以任何無法直

接提升生活基本需求的開支,都可能被視為奢侈與浪費。然而,當財富逐漸累積,生活從「生存模式」進入「生活模式」,對金錢的看法開始改變。

財富累積 讓我從「存錢」轉變到「享受生活」

當收入增長、投資穩定後,一些過去無法想像的消費,開始變得合理。過去覺得 100 萬元、200 萬元的車是奢侈浪費,現在則會思考「這是否符合我的需求」;過去覺得吃高檔餐廳是一種炫耀,現在則理解為「享受生活的一部分」;過去覺得旅行應該選最便宜的機票與住宿,現在則可能會考慮「舒適度與體驗感」。

這不是因為個性改變,而是因為當財務壓力減輕後,可以更自由地選擇如何運用金錢來提升生活品質。這並不等於浪費,因為每一筆開銷都有它的價值,只要在財務可承受範圍內,提升生活品質是合理的選擇。

讓我視角真正改變的,是財富穩定成長的存股策略。每個月定期買入優質企業,專注於長期增值與配息,不再每天盯著股價波動,而是關注企業基本面與產業趨勢。領股息不再是數字,而是實實在在的被動收入來源。

存股歷程是一條踏實且樸實無華的路，但時間是最可靠的夥伴，讓資產逐步累積，最終帶來生活選擇的自由。隨著財富累積，視角的改變是必然的，這並不是說我們變了，而是我們的認知擴展了。

從「節省生存」到「合理享受」，這是每個人財務成長過程中必然會經歷的階段。我們應該珍惜這樣的變化，並學習如何讓金錢更好地為我們服務，而不是讓金錢成為壓力的來源。投資理財的目標，不是單純地累積數字，而是讓人生擁有更多選擇的自由。

投資策略、身體狀態與心態息息相關

投資初期的優勢就是時間多、錢少，錢少是什麼優勢呢？我覺得就是可以做比較積極的投資操作，因為總投資金額少，所以就算回檔30%、40%，實際損失的錢也不會太多。

我30歲開始出社會工作，工作的前10年，我的想法只有一個字，就是「拚」，為了賺更多的錢，我可以接受更高的工時，也可以接受更大的壓力，而這10年我的薪資也如願地一直向上提升。

在這10年間，我結婚也陸續有了兩位可愛的女兒，但我

仍犧牲掉大部分可以陪她們的時間，為的就是快速累積資產。當我的月收入提高了，這也代表雖然開相同的槓桿倍數，但本質上可以運用的資金也變多了，這對於初期資產的累積幫助很大。

很多事沒辦法兩全其美，必須有捨才有得，若讓我重來一次，我還是會選擇全心投入資產的累積，唯有這樣才能「辛苦一陣子而不是苦一輩子」，我相信每個成功故事的背後都不是僥倖，而是持續努力與堅持得來的。

我今年 40 歲了，不論是身體狀態與心態都會隨著年紀的增長而改變，一方面是體力有差，長期處於高工時與高壓力的環境對身心都是種挑戰，另一方面是資產也累積到一定的程度，格局也漸漸擴大，不是說這樣就要離開職場，而是想慢慢在工作與生活中取得平衡。

未來或許工時減少了，收入也會減少，這時候的投資策略與槓桿比例，就必須做出調整。

▌克服人性的貪婪與恐懼 穩健長期投資

在投資市場中，最大敵人往往不是市場本身，而是「人性」。當市場一片看好時，許多人會因為貪婪而盲目擴大投資

規模,甚至過度槓桿,導致一旦市場逆轉,無法承受損失而被迫出場;當市場恐慌時,則容易因為害怕虧損而過早賣出,錯失長期成長的機會。

因此,投資最重要的不是找到「最好的標的」,而是擁有一個穩健的心態與紀律。投資人需要做到:

- 市場大漲時,保持理性,不過度樂觀。
- 市場回檔時,堅持紀律,不因恐懼賣出好資產。
- 建立長期策略,不被短期市場波動影響決策。

投資的關鍵,不在於短期賺多少,而是能夠長期穩定地累積資產。這也是我希望透過這本書分享的核心理念:槓桿投資並不是讓你一夜致富,而是透過正確的策略,讓財務成長的速度提升,但前提是,你要有良好的風險控管,並且克服人性的貪婪與恐懼。

投資是一場持續學習的旅程,每個人都需要找到適合自己的方式。這本書分享了我的財務增值理念,希望幫助投資人建立穩健的心態、適當的槓桿運用,以及長期資產累積。

無論市場如何變化，最終能決定財務自由的，不是短期的投資績效，而是長期的紀律與心態。只要能夠穩定前行，無論市場如何變動，都能夠在這條投資路上走出屬於自己的一天。

存股族的槓桿翻倍術
自組ETF X 低風險策略，普通上班族也能年賺20%

作　　者：吳宜勳（老吳）

總編輯：張國蓮
副總編輯：李文瑜
資深編輯：袁于善、林倚安
責任編輯：袁于善
美術設計：楊雅竹
封面設計：王彥蘋、楊雅竹

董 事 長：李岳能
發　　行：金尉股份有限公司
地　　址：新北市板橋區文化路一段 268 號 20 樓之 2
傳　　真：02-2250-5366
讀者信箱：moneyservice@cmoney.com.tw
網　　址：money.cmoney.tw
客服 Line@：@m22585366

製版印刷：緯峰印刷股份有限公司
總 經 銷：聯合發行股份有限公司

初版 1 刷：2025 年 7 月

定價：400 元
版權所有 翻印必究
Printed in Taiwan

國家圖書館出版品預行編目（CIP）資料

存股族的槓桿翻倍術：自組ETF x低風險策略,普通上班族也能年賺20% / 吳宜勳(老吳)著. -- 初版.
-- 新北市：金尉股份有限公司, 2025.07
　面；　公分. -- (創富；84)
ISBN 978-626-7549-29-2(平裝)

1.CST: 股票投資 2.CST: 投資技術
3.CST: 投資分析
563.53　　　　　　　　　　114009370

Money錢

Money錢

Money錢

Money錢